ZHŌNGGUÓTŌNG

Stages 1 & 2

Zhōngguótōng* Stages *1* & *2 student book was developed
by the National Chinese Curriculum Project team in Victoria.

MARA PAVLIDIS: Coordinator Stages 1 & 2, curriculum writer
TANG YING: Computer operator, graphic artist and materials developer
LIN E. ZHANG: Materials developer

ZHŌNGGUÓTŌNG

Stages 1 & 2

National Chinese Curriculum Project

Department of School Education, Victoria

Published by Curriculum Corporation
ACN 007 342 421
St Nicholas Place
141 Rathdowne St
Carlton Vic 3053
Australia
Tel: (03) 639 0699
Fax: (03) 639 1616

© Curriculum Corporation, 1992

All rights reserved. No part of this publication may be reproduced
in any form or by any means without the prior permission of
the publishers.

National Library of Australia
Cataloguing-in-publication data

Zhōngguótōng. Stages 1 and 2

  ISBN 1 86366 118 2.

  1. Chinese language — Textbooks for foreign speakers — English —
  Juvenile literature. I. Curriculum Corporation (Australia). II. National
  Chinese Language Curriculum Project (Australia). III. Victoria. Dept.
  of School Education. (Series: National curriculum guidelines for
  Chinese, K–12).

495.182421

Edited by Deidre Missingham
Designed by Lauren Statham, Alice Graphics
Illustrations by Xiangyi Mo and Mary Anne Hurley
Typeset in Songti by Australian Chinese Press
   and Century Old Style and Avante Garde by Bookset
Printed in Australia by Impact Printing

Project Team Acknowledgements

The National Chinese Curriculum Project, in its initial stages, benefited greatly from consultations with the Australian Language Levels (ALL) Project team, especially Angela Scarino who provided detailed comments on draft materials and gave strong support to the innovations of the Chinese project. The project team acknowledges the support of the Asian Studies Council, the funding body, and in particular, Jim Wilson as the Council's advisor to the national Asian languages curriculum projects and Lineke Spooner (DEET).

Throughout the developmental stage, the National Chinese Curriculum Project was supported by the National Chinese Reference Group, chaired by Professor Colin Mackerras. The project team acknowledges the guidance provided by the reference group as well as the contribution of the individual members.

The Department of School Education Victoria has from the outset recognised the potential of *Zhōngguótōng* to provide teachers of Chinese throughout Australia with much-needed curriculum support, and the innovative and pioneering nature of the work being undertaken. The project team acknowledges, in particular, the encouragement and unending support of Ian Adam, Pam Imberger and Dina Guest.

Thanks are due to Dr Jane Orton (University of Melbourne, Institute of Education) for her support at various national forums and for her advice and assistance in organising workshops for teachers of Chinese in Victoria. The project team benefited greatly from consultations on assessment with Cathie Elder (National Languages and Literacy Institute of Australia). The Project could not have reached a successful completion without the publications consultancy and support of Curriculum Corporation publishing staff.

The high quality of the curriculum materials produced by the National Chinese Curriculum Project would not have been possible without the expertise of Evol Byron (Victorian Curriculum and Assessment Board) and Dr Ren Guanxin (Geelong College) who proofread draft documents for Stages 1 to 4 and provided very detailed comments and constructive suggestions. The project team is indebted to Evol for her willingness to discuss, at any time, various aspects of the project, her practical suggestions, and for the inspiration she provided during the entire writing process. The valuable contribution of a number of native-speaker experts is also acknowledged: Professor Li Gengxin (Beijing Language Institute) and Professor Zhang Dexin (Beijing University) in developing a grammar framework and vocabulary lists for Stages 1 to 4, and Liu Naiyin (Nanjing Normal University) in developing a number of resources.

The project team thanks Mo Xiangyi and Wang Jingwen for the outstanding artwork they have developed to support curriculum documents. Thanks are also due to photographer Denis Ward.

The National Chinese Curriculum Project is grateful to the many teachers of Chinese at secondary level and tertiary institutions, and to Languages Other than English curriculum consultants throughout Australia who provided responses to draft materials and have shown a keen interest in and support of all aspects of the project. Acknowledgement is made of the contribution of the following in particular: Carolyn Blackman (Melbourne Grammar School),

Stephen Lee (President, Chinese Language Teachers Association of Victoria), Michael Urwin (Camberwell Grammar School, Victoria), Geoff Davis (Mt Lawley Secondary College, WA), Phillip Wilson (Marion High School, SA), Dr Helen Reid (Dept of Education, ACT) and May Kwan (Dept of Education, Qld). The project team also thanks the schools, teachers, students and members of the Chinese community in Melbourne who participated in the organisation and recording of audio materials for Stages 1 to 4.

The project team acknowledges the exchange of views and feedback from project officers in the National Assessment Framework for Languages at Senior Secondary Level (NAFLaSSL), the *Hanyu* project team, and project officers in the national curriculum projects for Indonesian, Japanese, Korean, Thai and Vietnamese.

The National Chinese Curriculum Project succeeded in reaching its targets and in producing such comprehensive and high quality materials through the dedicated commitment, expertise and hard work of members of the project team: Julie Riley (Coordinator, Stages A and B), Tang Ying (computer operator, graphic artist and materials developer) and Lin E. Zhang (materials developer). In particular, Julie's very valuable assistance in writing modules for Stages 1 and 2 and her constructive feedback on draft materials is acknowledged. The project is indebted to all members of the team for their mutual support and personal encouragement through some difficult times.

Mara Pavlidis
Coordinator, Stages 1 to 4

Contents

To the student   *viii*

Stage 1

Language and cultural awareness   *2*
A week in my life   *26*
Relationships   *43*
School life   *50*
Tell me a story   *55*
Communication   *60*
A special day   *66*
Different places, different people   *68*
Word List   *73*

Stage 2

A change of routine   *77*
Keeping in touch   *85*
Around town   *98*
Growing up   *103*
Amusing tales   *112*
Be creative in Chinese   *116*
Studying Chinese   *121*
Language and cultural awareness   *123*
Word List   *128*

To the student

This Students' Book is designed for learners of Chinese at Stage 1 (Years 7–8) and Stage 2 (Years 9–10). It contains a range of visual and reading materials on the topics about which you will be communicating in Chinese in the classroom. They are related to communication activities in the *Teachers' Handbook* and are arranged in the same order as the topics in the *Teachers' Handbook*. However, this is not necessarily the order in which you will use them in the classroom.

The Students' Book is not designed to be used as a workbook, but as a collection of resources that you can use at a particular time and then come back to at a later stage. There are instructions at the top of the page for most resources. Your teacher will give you more detailed instructions for what to do in the classroom or for homework. As well as using these materials in the classroom, you can also use them for private study purposes.

As far as possible, you should not write in the Students' Book, but use the materials — for example, information about the Chinese language and Chinese culture — as models of written texts (diary entry, letter, description, story), and as a stimulus for speaking activities.

The Word Lists contain vocabulary that may be more difficult or that you have not yet encountered in the classroom. The Word List for Stage 1 is on pp. 73–4 and for Stage 2 on pp. 128–30.

Stage 1

The Chinese writing system (1)

Do you recognise all the symbols below? Put them into groups, then label the groups you decide on. For example, ⊖ is an abstract symbol meaning 'no entry', ☕ is a pictorial symbol that stands for 'cafeteria' or 'coffee shop'. Number the symbols to show which group they belong to.

The Chinese writing system (2)

Match the illustrations in Column A with the old-forms and present-day characters in Columns B, C and D. For example, 4A, 3B, 4C and 2D represent different stages of the same character. (A few of the characters in column D now have a simplified form.)

	A	B	C	D
1.	(arrow/target)	(ox head)	火	火
2.	(rain cloud)	(person)	中	木
3.	(sun)	(tree)	牛	中
4.	(tree)	(sun)	木	雨
5.	(ox)	(rain)	日	人
6.	(fire)	(sun/circle)	(person)	牛

(continued overleaf)

Stage 1 Language and cultural awareness

	A	B	C	D
7.			雨	日
8.			口	上
9.		上		馬
10.			上	山
11.			白	魚
12.				月
13.			步	耳
14.			山	手

	A	B	C	D
15.				口
16.				水
17.				目
18.				鳥
19.				羊
20.				心
21.				下

Stage 1 Language and cultural awareness

The Chinese writing system (3)

Put the characters below into groups, then label the groups you decide on. For example, the characters 馬 and 羊 are animals. Number the characters to show which groups they belong to. (A few of the characters below now have a simplified form.)

烏　手　中
魚　月　木
水　下　羊
　　牛
馬　山　雨
耳　心　火
上　目
口　　人
　　日

The Chinese writing system (4)

The characters below are made up of two parts. The meaning of each character is the meaning of its two parts combined. Guess the meaning of each character on the basis of its components.

Character	Components	Meaning
好	女 'woman' + 子 'child'	
安	宀 'roof' + 女	
家	宀 + 豕 'pig'	
明	日 'sun' + 月 'moon'	
林	木 'wood' + 木	
休	亻 'man' + 木	
信	亻 + 言 'speech'	
囚	口 'enclosure' + 人 'person'	
坐	人 + 土 'earth'	
男	田 'field' + 力 'strength'	
看	手 'hand' + 目 'eye'	
災	巛 'river' + 火 'fire'	
鮮	魚 'fish' + 羊 'sheep'	

Stage 1 Language and cultural awareness

The Chinese writing system (5)

Identify the characters on the sheet that belong to the same group as each of the circled characters. Use numbers or letters to show the groups.

吃	把	照	时	闷
样	河	忘	打	盲
抬	眼	问	柯	晚
汽	热	杯	意	喝
煎	根	晴	洋	睡
拉	昨	煮	睛	想
吵	江			

The Chinese writing system (6)

1. This is a list, in alphabetical order, of all the characters on p. 8 and their English meanings. Find the general meaning for each group of characters on p. 8. Do all the characters in that group have a common meaning?

bǎ	把	— to hold, a handle		qíng	晴	— clear (sky), fine
bēi	杯	— cup, glass		rè	热	— hot
chǎo	吵	— to argue, quarrel		shí	时	— time
chī	吃	— to eat		shuì	睡	— to sleep
dǎ	打	— to beat, strike		tái	抬	— to raise
gēn	根	— root		wǎn	晚	— late
hē	喝	— to drink		wàng	忘	— to forget
hé	河	— river		wèn	问	— to ask
jiān	煎	— to fry in shallow oil		xiǎng	想	— to think
jiāng	江	— river		yáng	洋	— ocean
jīng	睛	— eyeball		yàng	样	— model, pattern
kē	柯	— stalk or branch		yǎn	眼	— eye
lā	拉	— to pull		zhào	照	— to shine
máng	盲	— blind		yì	意	— meaning, idea
mèn	闷	— bored, depressed		zhǔ	煮	— to boil
qì	汽	— steam		zuó	昨	— yesterday

Stage 1 Language and cultural awareness

2. Put the characters below into the appropriate groups on p. 8, according to their meaning.

拿	泉	炸	恨
ná	quán	zhá	hèn
'to take'	'stream'	'to deep fry'	'to hate'

晨	情	炒	晃
chén	qíng	chǎo	huǎng
'morning'	'feelings'	'to fry'	'dazzling'

Circle the part of each character that is different from others in that group.

3. Look at the pinyin spelling of all the characters on the list. Find the characters that are the same or similar in pronunciation. Write these characters and their pinyin spelling below.

The Chinese writing system (7)

Set out below are the different types of stroke that make up characters. In each set, a stroke-type has been circled. Continue in the same way for the other characters in the same set.

In each of the characters below, find the stroke-type illustrated, and circle it.

Spoken Chinese (1)

You will hear the sets of words illustrated below read out. Listen for differences in the pronunciation of the words in each set.

1. 马 　妈
   ma　　　　　　　　　ma

2. 山 　扇
   shan　　　　　　　　shan

3. 猪 　竹
   zhu　　　　　　　　 zhu

4. 汤 　糖
   tang　　　　　　　　tang

5. 白 　百
   bai　　　　　　　　 bai

6. 鱼 　雨
   yu　　　　　　　　　yu

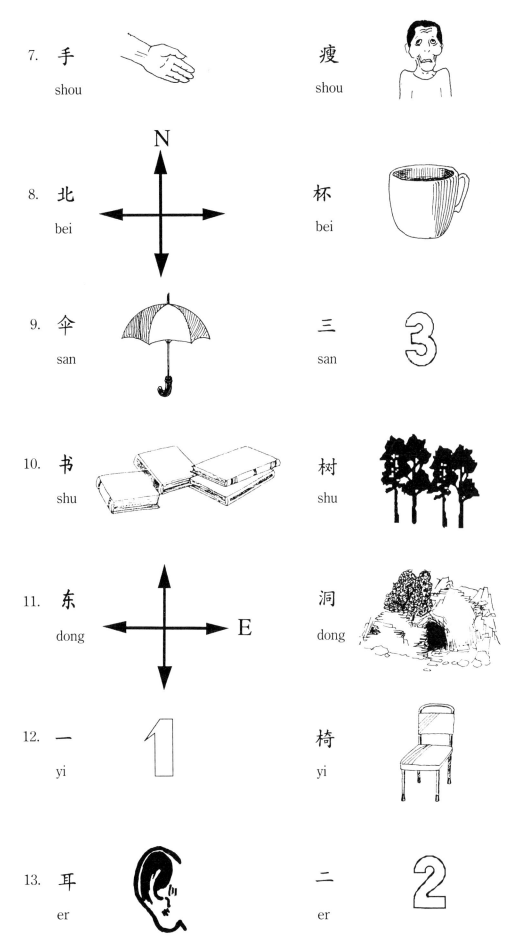

Stage 1 Language and cultural awareness

Spoken Chinese (2)

As you listen to each set of sounds, circle the one that has a different tone from others in that set.

1.	ma	ba	ta	la
2.	mao	hao	lao	dao
3.	zhu	tu	lu	mu
4.	ling	xing	ding	jing
5.	zhi	chi	shi	ri
6.	yao	wan	mu	leng
7.	la	qian	yang	jie
8.	yu	ku	yue	yao
9.	wo	ni	peng	mu
10.	fang	xue	yuan	xiao

Spoken Chinese (3)

As you listen to the words read out, tick the word that you hear in each set.

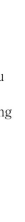

A

bàbà — bàba

gēge — gēgē

mèimei — mèimèi

lǎoye — lǎoyé

péngyǒu — péngyou

wǎnshang — wǎnshàng

tàiyang — tàiyáng

míngzǐ — míngzi

nǎinai — nǎinǎi

zhīdào — zhīdao

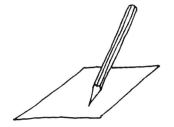

B

yī tiān — yì tiān

yì máo — yī máo

yīdiǎnr — yìdiǎnr

yī jiàn — yí jiàn

yī běn — yì běn

yī zhāng — yì zhāng

Spoken Chinese (4)

Listen to the Chinese words in the middle column as they are read out. Then match each word with its illustrated meaning.

kěkǒukělè

qiǎokèlì

āsīpǐlín

kāfēi

tángkè

hànbǎobāo

níngméng

sūdá

mótuōchē

shāfā

jiākè

shālā

Concepts in Chinese (1)

In Arabic numerals, number the dates in the box provided on each calendar page below, showing the order that you hear them in. Then write the date under each calendar page in Chinese characters.

☐ January	☐ February	☐ March
S M T W T F S	S M T W T F S	S M T W T F S
1 2 3 4 5 6	1 2 3	1 2 3
7 8 9 10 11 12 13	4 5 6 7 8 9 10	4 5 6 7 8 9 10
14 15 16 17 18 19 20	11 12 13 14 15 16 17	11 12 13 14 15 16 17
21 22 23 24 25 26 27	18 19 20 21 22 23 24	18 19 20 21 22 23 24
28 29 30 31	25 26 27 28	25 26 27 28 29 30 31
＿＿ 月 ＿＿ 日	＿＿ 月 ＿＿ 日	＿＿ 月 ＿＿ 日

☐ April	☐ May	☐ June
S M T W T F S	S M T W T F S	S M T W T F S
1 2 3 4 5 6 7	1 2 3 4 5	1 2
8 9 10 11 12 13 14	6 7 8 9 10 11 12	3 4 5 6 7 8 9
15 16 17 18 19 20 21	13 14 15 16 17 18 19	10 11 12 13 14 15 16
22 23 24 25 26 27 28	20 21 22 23 24 25 26	17 18 19 20 21 22 23
29 30	27 28 29 30 31	24 25 26 27 28 29 30
＿＿ 月 ＿＿ 日	＿＿ 月 ＿＿ 日	＿＿ 月 ＿＿ 日

☐ July	☐ August	☐ September
S M T W T F S	S M T W T F S	S M T W T F S
1 2 3 4 5 6 7	1 2 3 4	30 1
8 9 10 11 12 13 14	5 6 7 8 9 10 11	2 3 4 5 6 7 8
15 16 17 18 19 20 21	12 13 14 15 16 17 18	9 10 11 12 13 14 15
22 23 24 25 26 27 28	19 20 21 22 23 24 25	16 17 18 19 20 21 22
29 30 31	26 27 28 29 30 31	23 24 25 26 27 28 29
＿＿ 月 ＿＿ 日	＿＿ 月 ＿＿ 日	＿＿ 月 ＿＿ 日

☐ October	☐ November	☐ December
S M T W T F S	S M T W T F S	S M T W T F S
1 2 3 4 5 6	1 2 3	30 31 1
7 8 9 10 11 12 13	4 5 6 7 8 9 10	2 3 4 5 6 7 8
14 15 16 17 18 19 20	11 12 13 14 15 16 17	9 10 11 12 13 14 15
21 22 23 24 25 26 27	18 19 20 21 22 23 24	16 17 18 19 20 21 22
28 29 30 31	25 26 27 28 29 30	23 24 25 26 27 28 29
＿＿ 月 ＿＿ 日	＿＿ 月 ＿＿ 日	＿＿ 月 ＿＿ 日

Stage 1 Language and cultural awareness

Concepts in Chinese (2)

Use numbers to group the objects below according to what you think they have in common. Write the group name beside one item in the group.

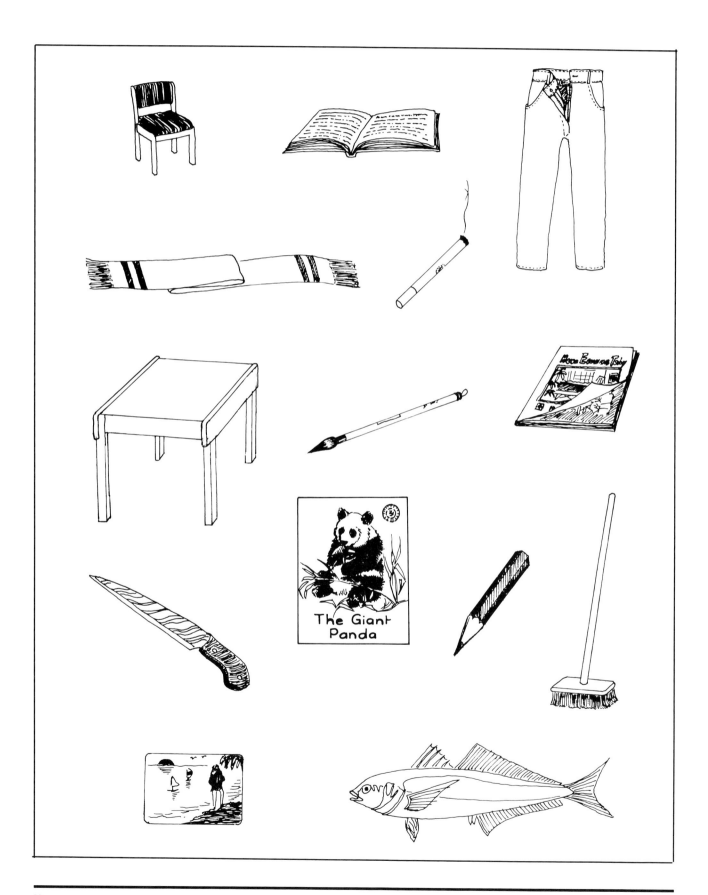

Concepts in Chinese (3)

信 封
Xìnfēng

Look carefully at the way in which each of the envelopes below is addressed. What differences can you find between the address in English and the address in Chinese?

AIR MAIL

中国
上海市
浦东区
复兴路 27 号
吴美丽 收

Ms Wu Meili
27 Fuxing Road
Pudong District
Shanghai
The People's Republic of China

中国
北京
海淀区
海淀路 31 号
刘江 收

Mr Liu Jiang
31 Haidian Road
Haidian District
Beijing
People's Republic of China

BY AIR MAIL

Stage 1 Language and cultural awareness

Concepts in Chinese (4)

Look carefully at the lists of Chinese names below. The meanings of the given names are provided in English. How are Chinese names different from Western names? Which names do you think are for females and which for males?

Chinese	Meaning	Pinyin	Chinese	Meaning	Pinyin
潘 美 玲	beautiful delicate	Pān Měilíng	朱 来 平	come peace	Zhū Láipíng
张 强	strong	Zhāng Qiáng	林 光 华	light China	Lín Guānghuá
刘 建 华	establish China	Liú Jiànhuá	郭 成 静	success peaceful	Guō Chéngjìng
张 益 民	benefit people	Zhāng Yìmín	王 瑜	jade	Wáng Yú
李 静 芳	peaceful fragrant	Lǐ Jìngfāng	刘 春 平	spring peace	Liú Chūnpíng
郭 琳	beautiful jade	Guō Lín	王 宇 燕	universe swallow	Wáng Yǔyàn
赵 志 强	ambitious strong	Zhào Zhìqiáng	刘 瑞 妹	luck younger sister	Liú Ruìmèi
张 迎	welcome	Zhāng Yíng	唐 明	bright	Táng Míng
王 国 生	country birth	Wáng Guóshēng	朱 红 兵	red soldier	Zhū Hóngbīng
赵 晓 东	dawn east	Zhào Xiǎodōng	李 美 江	beautiful river	Lǐ Měijiāng

Cultural diversity (1)

Dǎ Zhāohu

The illustrations below show some of the different ways of greeting each other in Chinese. The greeting used depends on the age of the speakers and their relationship to each other.

Stage 1 Language and cultural awareness

Cultural diversity (2)

Gàobié

The illustrations below show some of the different ways of saying goodbye in Chinese. The greeting used depends on the situation: for example, if the speakers will see each other soon, the next day or, perhaps, never again. 'Zàijiàn!' can be used in all these situations, whereas 'Míngtiān jiàn' can only be used if you will see the person tomorrow. Some greetings, like 'Wǒ zǒu le', refer to a particular action which is about to or has taken place.

Cultural diversity (3)

The illustrations below show some foods that are typically eaten in China for breakfast and lunch. Illustration A shows breakfast foods and illustration B foods eaten for lunch, either alone or with a meat and vegetable dish. With the help of the teacher, find out more about Chinese eating habits as asked in the questions below.

1. yóutiáo   油条
2. mántou   馒头
3. zhōu   粥
4. shāobing   烧饼
5. dòujiāng   豆浆

1. bāozi   包子
2. miàntiáo   面条
3. mǐfàn   米饭
4. chǎo cài   炒菜
5. jiǎozi   饺子
6. mántou   馒头

(a) What are they made of?

(b) How are they cooked (e.g. steamed, boiled, deep-fried)?

(c) How are they served (e.g. hot/cold, in plates/cups/bowls, with/without a sauce)?

(d) How are they eaten (e.g. what implements are used)?

Stage 1 Language and cultural awareness

Cultural diversity (4)

Chinese currency is known as 人民币 (Rénmínbì RMB¥). Study the examples of Chinese currency below. What similarities and differences are there between Chinese and Australian currency?

十 元
shí yuán

五 元
wǔ yuán

二 元
èr yuán

一 元
yì yuán

五角
wǔ jiǎo

二角
èr jiǎo

一角
yì jiǎo

五分
wǔ fēn

二分
èr fēn

一分
yì fēn

 × 10

1. What are the spoken equivalents of the following sums of money? (Remember that 'kuài' (块) is commonly used as the spoken form of 'yuán' (元), and 'máo' (毛) of 'jiǎo' (角).)

   ¥ 6.00   ¥ 4.05   ¥ 17.50   ¥ 2.36   ¥ 0.54   ¥ 0.10

2. Find out what the current rate of exchange of Australian dollars to Chinese yuan is.

Jǐ diǎn zhōng?

Look at the illustration below. Then write the clock times in Chinese characters in the spaces provided.

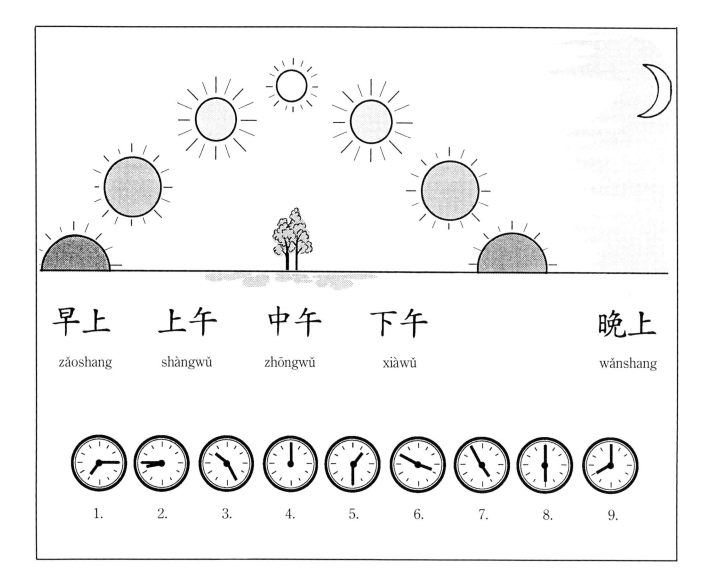

1. _____   4. _____   7. _____

2. _____   5. _____   8. _____

3. _____   6. _____   9. _____

Jǐ diǎn?

Complete the questionnaire by circling the time at which you do each of the things illustrated.

Nǐ jǐ diǎn:		xīngqīyī–xīqīwǔ	zhōumò
1. qǐchuáng?		(a) 6.30 (b) 7.00 (c) 7.30 (d) 8.00	(a) 8.30 (b) 9.00 (c) 9.30 (d) 10.00
2. chī zǎofàn?		(a) 7.00 (b) 7.30 (c) 8.00 (d) 8.30	(a) 9.00 (b) 9.30 (c) 10.00 (d) 10.30
3. chī wǔfàn?		(a) 12.00 (b) 12.30 (c) 1.00 (d) 1.30	(a) 12.00 (b) 12.30 (c) 1.00 (d) 2.00
4. chī wǎnfàn?		(a) 6.30 (b) 7.00 (c) 7.30 (d) 8.00	(a) 7.00 (b) 7.30 (c) 8.00 (d) 8.30
5. shuìjiào?		(a) 9.00 (b) 9.30 (c) 10.00 (d) 10.30	(a) 10.00 (b) 10.30 (c) 11.00 (d) 11.30

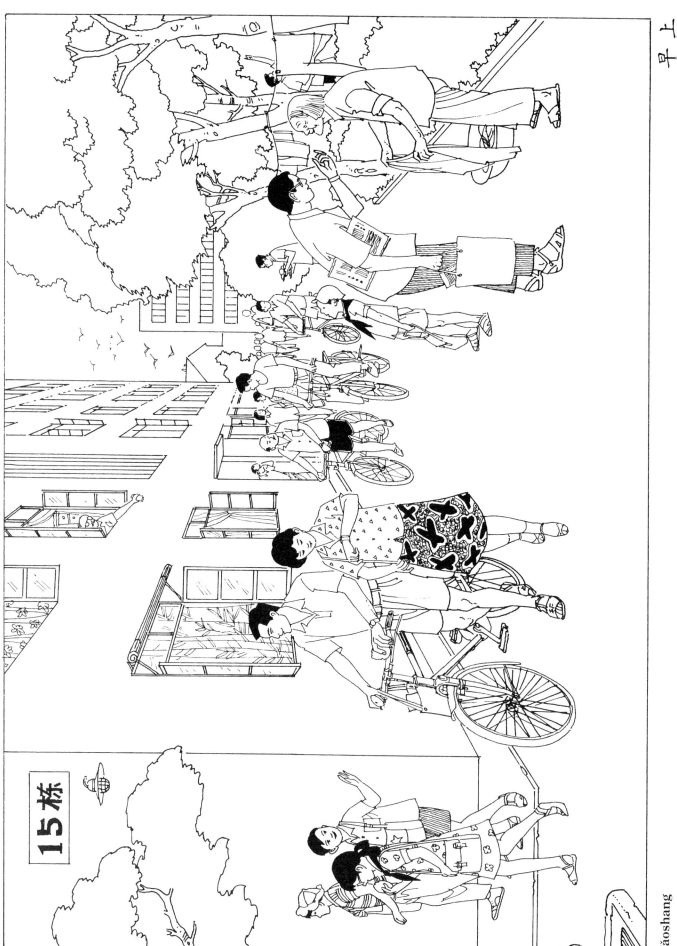

Zǎoshang 早上

Nǐ zǎofàn chī shénme?

Using the illustrations below, exchange information with your partner about what you eat for breakfast.

niúnǎi

miànbāo

júzi zhī

shuǐguǒ

jīdàn

guǒjiàng

yùmǐpiàn

chá

huángyóu

Nǐ wǔfàn, wǎnfàn chī shénme?

What do you have for lunch and dinner? Exchange information with your partner using the illustrations below.

sānmíngzhì

miàntiáo

chǎofàn

dàngāo

shālā

tāng

niú ròu

yú

bāozi

Nǐ xǐhuan chī shénme língshí?

Exchange information with your partner about the snacks you like to eat.

bīnggùnr

zhá shǔtiáo

huāshēngmǐ

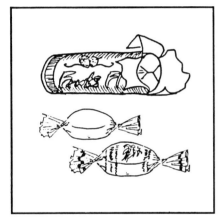
táng

qiǎokèlì

bǐnggān

dàngāo

bīngqílín

suānnǎi

Nǐ yǒu shénme àihào?

Interview your partner about his or her hobbies using the illustrations below.

 yóuyǒng

 tī zúqiú

 dǎ pīngpāngqiú

 dǎ bǎnqiú

 dǎ wǎngqiú

 dǎ lánqiú

 diàoyú

 qí zìxíngchē

 kāi wǎnhuì

 huàhuàr

 tiàowǔ

 kàn diànshì

 tán jítā

 kàn diànyǐng

 tīng yīnyuè

 zuòfàn

Nǐ jīngcháng zuò shénme?

Exchange information with your partner about how often you do activities from the list below. Use the illustrations to help you.

1. zuò zuòyè
2. qù mǎi dōngxi
3. kàn diànshì
4. xǐ wǎn
5. qù péngyou de jiā
6. qù fànguǎnr chīfàn
7. zuòfàn
8. shōushi fángjiān
9. dǎ diànhuà
10. xiě xìn

每天 / 天天
měitiān/tiāntiān

平常
píngcháng

常常 / 经常
chángcháng/jīngcháng

有时
yǒushí

很少
hěnshǎo

Stage 1   A week in my life

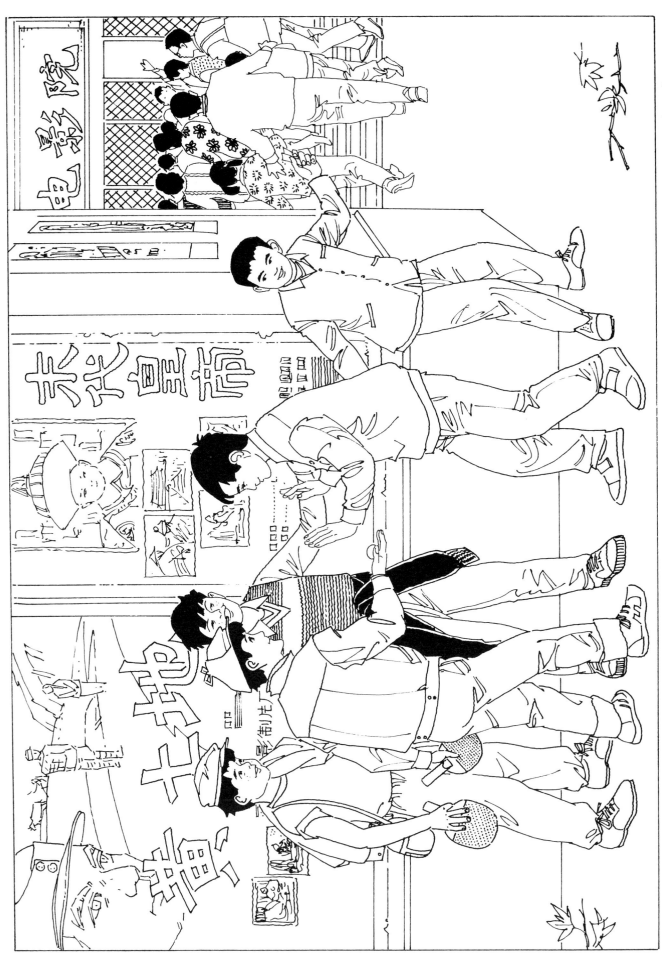
Chūqu Wánr

日 记
Rìjì

1. Find out what Xiao Ming did at the weekend by reading the two entries from his diary.

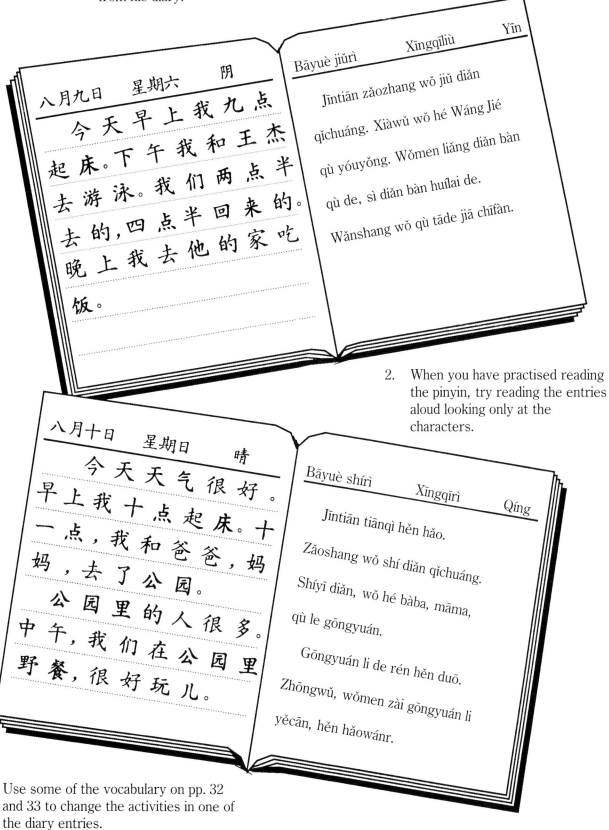

2. When you have practised reading the pinyin, try reading the entries aloud looking only at the characters.

3. Use some of the vocabulary on pp. 32 and 33 to change the activities in one of the diary entries.

Stage 1 A week in my life

Duōshao?

Number the following illustrations so that they correspond to the phrases below them.

xiāngjiāo

niúnǎi

yùmǐpiàn

píngguǒ

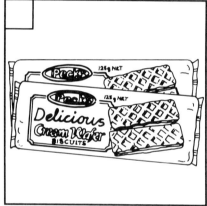
bǐnggān

niúnǎi

kāfēi

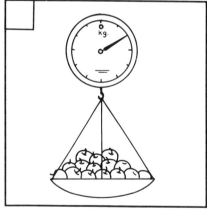
píngguǒ

kāfēi

1. liǎng bēi niúnǎi
2. sān ge píngguǒ
3. liǎng píng kāfēi
4. yì bāo bǐnggān
5. yì hé niúnǎi
6. sān jīn píngguǒ
7. yì jīn xiāngjiāo
8. liǎng bēi kāfēi
9. liǎng hé yùmǐpiàn
10. liǎng bāo bǐnggān
11. yì píng kāfēi
12. liáng jīn píngguǒ
13. liǎng hé niúnǎi
14. yì hé yùmǐpiàn
15. yì bēi niúnǎi

Duōshao qián?

Listen carefully to the price of each of the foods and drinks illustrated below. The prices you hear will not be in the same order as the pictures. Number the pictures to match the order in which you hear the prices.

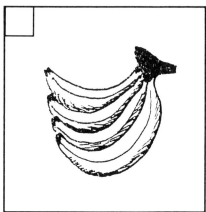

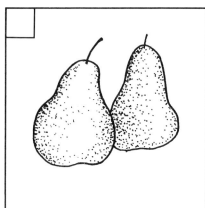

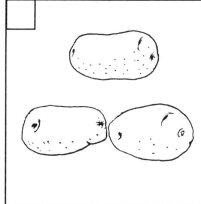

Stage 1 A week in my life

Nǐ xiǎng mǎi shénme?

yágāo

xǐfàjì

féizào

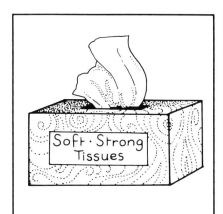
miànzhǐ

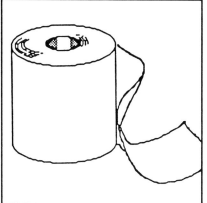
wèishēngzhǐ

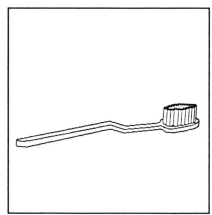
yáshuā

xiāngshuǐ

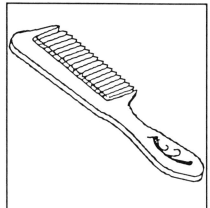
shūzi

tóushuā

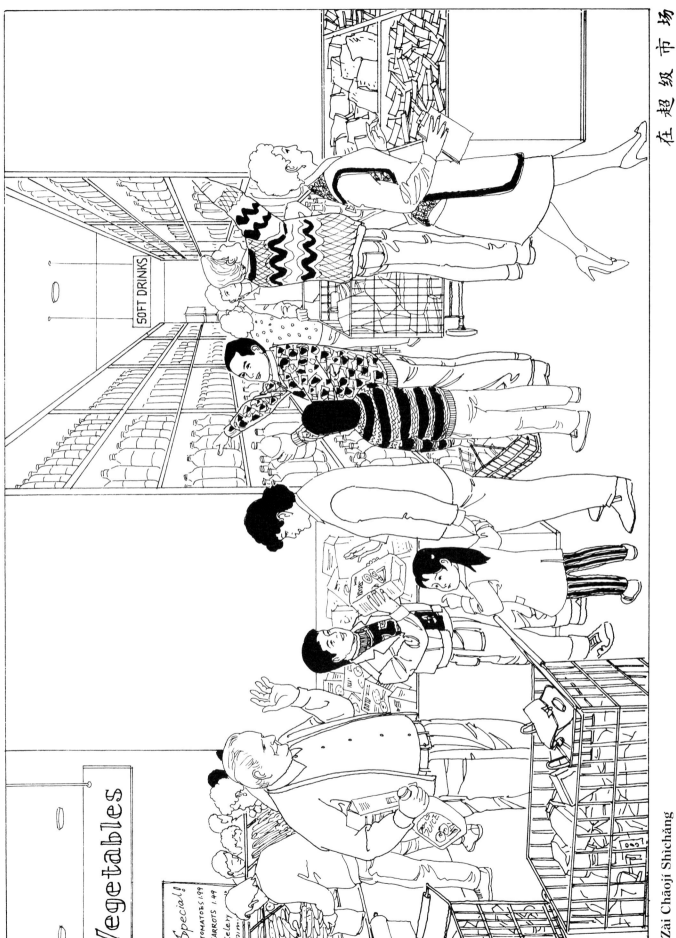

在超级市场

Zài Chāojí Shìchǎng

Qù mǎi dōngxi (1)

Before you go shopping check what you need to buy. On the list below tick items that you already have in the refrigerator and cupboard illustrated below. Put a cross next to those you don't have.

牛 奶 niúnǎi ☐	萍 果 píngguǒ ☐	鱼 yú ☐	面 条 miàntiáo ☐	酱 油 jiàngyóu ☐
黄 油 huángyóu ☐	香 蕉 xiāngjiāo ☐	饼 干 bǐnggān ☐	鸡 蛋 jīdàn ☐	生 菜 shēngcài ☐
面 包 miànbāo ☐	白 糖 báitáng ☐	鸡 肉 jīròu ☐	盐 yán ☐	猪 肉 zhūròu ☐
汽 水 qìshuǐ ☐	果 酱 guǒjiàng ☐	西红柿 xīhóngshì ☐	咖 啡 kāfēi ☐	玉米片 yùmǐpiàn ☐
奶 油 nǎiyóu ☐	米 mǐ ☐	菜 油 càiyóu ☐	洗衣粉 xǐyīfěn ☐	菜 花 càihuā ☐

Qù mǎi dōngxi (2)

You have just put away everything you bought. With your partner, check your shopping list for any items you need more of.

With your partner, make another shopping list of things you will need to buy tomorrow. Your list might include the things you didn't buy today, as well as those things you would like to buy more of.

Stage 1   A week in my life

在菜市场
Zài Càishìchǎng

Tā shì shénme yàngzi?

You will hear statements about the illustrations below. Number the pictures to match the order in which you hear the statements.

Stage 1 Relationships

Zhè shi shéi?

Read the sentences below, then number each of the people in the illustration to show which sentence describes him or her.

1. Zhèi ge nǚrén hěn shòu, hěn ǎi. Tāde tóufa shi huángsè de.
2. Nèi ge nánrén hěn gāo. Tāde tóufa shi huángsè de.
3. Tā shi nǚ de. Tā bú pàng, bú shòu. Tāde tóufa hěn cháng.
4. Yǒu yí ge rén bú niánqīng. Tā dài yǎnjìng. Tā méi yǒu tóufa.
5. Tā shi nǚ de. Tā hěn niánqīng, dài yǎnjìng.
6. Yǒu yí ge rén hěn pàng, hěn ǎi, tóufa cháng.
7. Tā hěn pàng, hěn gāo. Tā yǒu cháng tóufa.
8. Tā shi nán de. Tā hěn niánqīng, dài yǎnjìng. Tāde tóufa shi hēisè de.
9. Tā hěn lǎo. Tā dài yǎnjìng. Tā bù gāo.
10. Tā shi yí ge niánqīng nǚrén. Tā hěn ǎi, tāde tóufa hěn duǎn.

在公园里

Zài Gōngyuán li

Shéi de jiā?

The house plans below show the homes of four teenagers in Australia. Find out whose homes they are by matching each house plan with the sentence that describes it. Two of the descriptions do not match any of the house plans.

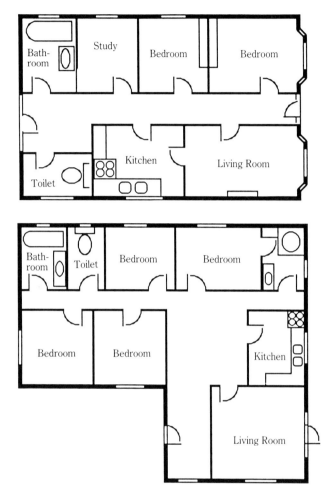

1. Lánlan jiā de fángzi bú tài dà. Yǒu liǎng jiān wòshì, yì jiān kètīng, yì ge xǐzǎojiān hé yí ge cèsuǒ.

2. Jiànhuá jiā de fángzi yǒu qī ge fángjiān, yǒu kètīng, shūfáng, liǎng jiān wòshì, chúfáng, xǐzǎojiān hé cèsuǒ.

3. Yángyang jiā de fángzi yǒu jiǔ ge fángjiān, yǒu sān jiān wòshì, kètīng, chúfáng, liǎng ge xǐzǎojiān, cèsuǒ.

4. Měilíng jiā de fángzi li yǒu liǎng jiān wòshì, yì jiān kètīng, yí ge chúfáng, yí ge cāntīng, xǐzǎojiān hé cèsuǒ.

5. Wáng Jié jiā de fángzi li yǒu shūfáng, liǎng jiān wòshì, chúfáng, xǐzǎojiān hé cèsuǒ.

6. Xiǎo Míng jiā de fángzi hěn dà. Yǒu yì jiān dà kētīng, sān jiān wòshì, yì jiān cāntīng, yì jiān shūfáng, yí ge chúfáng, yí ge xǐzǎojiān hé yí ge cèsuǒ.

Zài nàili ma?

The statements below describe the contents of the rooms illustrated. Which statements are true and which are false?

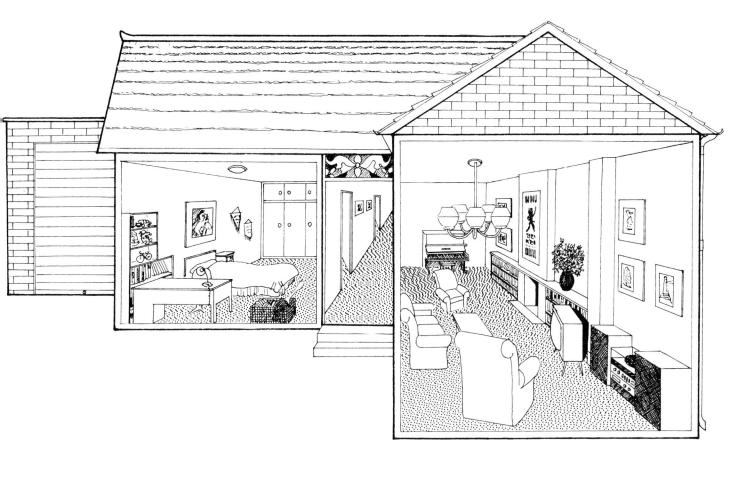

		T	F
1.	Shūzhuō zài shūjià qiánbian.	☐	☐
2.	Diànshìjī zài shāfā hòubian.	☐	☐
3.	Chuáng shang yǒu yí jiàn yīfu.	☐	☐
4.	Chájī zài diànshìjī duìmiàn.	☐	☐
5.	Chuáng zài shūzhuō hé shūjià zhōngjiān.	☐	☐
6.	Wòshì lǐmiàn yǒu sān zhāng huà.	☐	☐
7.	Wòshì wàibian yǒu chēkù.	☐	☐
8.	Kètīng zài wòshì pángbiān.	☐	☐
9.	Yí ge shāfā hòubian yǒu gāngqín.	☐	☐
10.	Shūzhuō xiàbian yǒu shū.	☐	☐

Stage 1   Relationships

Shénme yàng de fángzi?

The sentences below relate to describing a house. They are in jumbled order. Write a description of an imaginary house by choosing from these sentences. Your description can be serious or funny. You will need to choose a suitable beginning sentence. Make sure the sentences in your description are connected.

Fángzi li yǒu sān ge xǐzǎojiān hé sì ge cèsuǒ.

Chúfáng pángbiān shi cāntīng.

Wǒmen zài chúfáng li chīfàn.

Wǒmen jiā yǒu sān jiān wòshì.

Wǒmende fángzi wàimian yǒu yóuyǒngchí hé huāyuán.

Wǒ jiā de fángzi hěn dà.

Kètīng li yǒu diànshìjī, shāfā, chájī hé shūzhuō.

Wǒmende chúfáng hěn dà.

Kètīng li yǒu shāfā, chájī hé gāngqín.

Wǒ jiā fángzi yǒu qī ge fángjiān.

Fángzi li yǒu liù jiān wòshì.

Wǒmende kètīng bú tài dà.

Wǒmende fángzi li yǒu yí ge xǐzǎojiān, liǎng ge cèsuǒ.

Wǒde wòshì li yǒu yì zhāng chuáng, yì zhāng shūzhuō hé yì bǎ yǐzi.

Bàba de shūfáng zài kètīng pángbiān.

Chúfáng li yǒu zhuōzi hé yǐzi.

Wǒmende kètīng yě hěn dà.

Wǒmende fángzi qiánmian yǒu yí ge xiǎo huāyuán.

Kètīng pángbiān yǒu yí ge chúfáng.

Měi jiān wòshì li yǒu yí tái diànshìjī.

Personal profile

Complete the profile below with personal details, then tick the boxes to show your hobbies and interests.

xìngmíng							
chūshēng rìqī	nián		yuè		rì	xìngbié	
shēngāo		límǐ (cm)		tǐzhòng			gōngjīn (kg)
yǎnjīng yánsè	hēisè ☐		lǜsè ☐		lánsè ☐		zōngsè ☐
tóufa	cháng ☐ duǎn ☐	yánsè: hēisè ☐		huángsè ☐		zōngsè ☐	hóngsè ☐

àihào

kàn diànshì ☐	qí zìxíngchē ☐	yóuyǒng ☐
kànshū ☐	tī zúqiú ☐	tīng yīnyuè ☐
dǎ wǎngqiú ☐	dǎ bǎnqiú ☐	tiàowǔ ☐
yòng diànnǎo ☐	yěyíng ☐	lǚyóu ☐

Stage 1 Relationships

Zěnme shuō?

Complete the speech bubbles in the cartoons below using the vocabulary at the bottom of the page. You will need to refer to the Word List on pp. 73–4.

shǒutào   rèshuǐpíng

shǒukào   níngméng

谁 的 课 表
Shéi de kèbiǎo?

Ask your partner questions to find out which of the three students' timetable appears on the sheet your partner is looking at.

王 杰

	8.00 至 8.45	8.55 至 9.40	10.10 至 10.55	11.05 至 11.50	2.00 至 2.45	2.55 至 3.35
星 期 一		数 学				
星 期 二						英 语
星 期 三	数 学				化 学	
星 期 四				英 语		数 学
星 期 五		数 学				化 学
星 期 六	英 语			数 学		

李 建 华

	8.00 至 8.45	8.55 至 9.40	10.10 至 10.55	11.05 至 11.50	2.00 至 2.45	2.55 至 3.35
星 期 一		数 学				
星 期 二						英 语
星 期 三	数 学				化 学	
星 期 四				英 语		化 学
星 期 五		化 学				数 学
星 期 六	英 语			数 学		

郭 琳

	8.00 至 8.45	8.55 至 9.40	10.10 至 10.55	11.05 至 11.50	2.00 至 2.45	2.55 至 3.35
星 期 一		数 学				
星 期 二						英 语
星 期 三	化 学				数 学	
星 期 四				英 语		数 学
星 期 五		数 学				化 学
星 期 六	英 语			数 学		

Stage 1 School life

Shéi de shūbāo?

Ask your partner questions to find out which of the four students' schoolbags appears on the sheet your partner is looking at.

Write a description of the contents of one schoolbag. Read it to your partner, who then has to find the bag you have described.

Chī wǔfàn

Complete the questionnaire below to show what you normally do for lunch at school.

tiāntiān	píngcháng	chángcháng	hěn shǎo	bù
☐	☐	☐	☐	☐

Wǒ huí jiā chī wǔfàn.

tiāntiān	píngcháng	chángcháng	hěn shǎo	bù
☐	☐	☐	☐	☐

Wǒ dài wǔfàn.

tiāntiān	píngcháng	chángcháng	hěn shǎo	bù
☐	☐	☐	☐	☐

Wǒ mǎi wǔfàn.

日 记
Rìjì

Find out about a typical day in the life of a middle-school student in China by reading entries from two students' diaries.

三月十五日　星期三　　阴

今天上午的课有数学、历史、化学和体育。体育课我们游泳，很好玩。

下午我们有两节英语课。王老师没来，李老师教我们。

Sānyuè shíwǔrì　　Xīngqīsān　　Yīn

Jīntiān shàngwǔ de kè yǒu shùxué, lìshǐ, huàxué hé tǐyù. Tǐyù kè wǒmen yóuyǒng, hěn hǎowán.

Xiàwǔ wǒmen yǒu liǎng jié Yīngyǔ kè. Wáng Lǎoshī méi lái, Lǐ Lǎoshī jiāo wǒmen.

八月二十七日　星期五　　晴

今天上午第二节课，我们去操场打球。

第三节上英语课，很多同学说话，老师很不高兴。

中午我和高元一起在教室楼外面吃午饭。明天下午我们一起去踢足球。

Bāyuè èrshí qīrì　　Xīngqīwǔ　　Qíng

Jīntiān shàngwǔ dì'èr jié kè, wǒmen qù cāochǎng dǎqiú.

Dìsān jié shàng Yīngyǔ kè, hěn duō tóngxué shuōhuà, lǎoshī hěn bù gāoxìng.

Zhōngwǔ wǒ hé Gāo Yuán yìqǐ zài jiàoshì lóu wàimian chī wǔfàn. Míngtiān xiàwǔ wǒmen yìqǐ qù tī zúqiú.

动 物 园
Dòngwùyuán

Match the sentences on p. 56 with the pictures they describe. Then number them in order so that they tell a story.

Stage 1 Tell me a story 55

动 物 园
Dòngwùyuán

1. Táng hái méi chīwán, tā yòu qù mǎi le yì bāo huāshēngmǐ, yí kuài qiǎokèlì.

2. Xiàyǔ le.

3. Shàngwán cèsuǒ, tā yòu qù mǎi le yí ge règǒu.

4. Jīntiān shi xīngqītiān tiānqì hěn hǎo.

5. Dào dòngwùyuán yǐhòu, tā xiān qù mǎi le yì píng kěkǒukělè.

6. Hēwán kěkǒukělè, tā yòu qù mǎi le yìxiē táng.

7. Gāng dào jiā, tiān yòu qíng le.

8. Dàwèi qí zìxíngchē qù dòngwùyuán.

9. Chīwán huāshēngmǐ hé qiǎokèlì, tā xiǎng shàng cèsuǒ.

10. Dàwèi gǎnkuài huíjiā le.

大 扫 除
Dà Sǎochú

Match the sentences below with the pictures they describe. Then number them in order so that they tell a story.

- Ránhòu zhàn zài yǐzi hé zhuōzi shang cā bōli.
- Bōli cā gānjing yǐhòu, dìbǎn, zhuōzi hé yǐzi yòu zāng le.
- Xiǎo Qiáng hé mèimei zuò dàsǎochú. Tāmen xiān sǎodì hé cā dìbǎn.
- Cā dìbǎn yǐhòu, cā zhuōzi hé yǐzi.

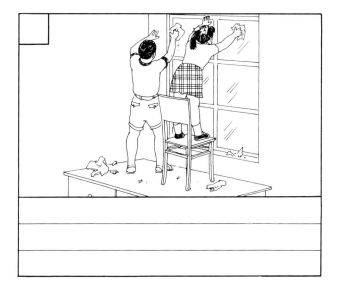

Stage 1   Tell me a story

参 加 校 队
Cānjiā Xiàoduì

Match the sentences below with the pictures they describe. Then number them in order so that they tell a story.

- Sān ge xīngqī yǐhòu, tā bù xǐhuan yóuyǒng le. Tā cānjiā le xuéxiào lánqiúduì.
- Yuèduì měitiān dōu yào liànxí, Wáng Qiáo yě bù xǐhuan. Tā xiǎng cānjiā xiàoduì méi yìsi.
- Wáng Qiáo shàng zhōngxué le. Tā cānjiā le xuéxiào yóuyǒngduì.
- Liǎng ge yuè yǐhòu, tā bù xǐhuan dǎlánqiú le, dǎlánqiú tài lèi. Tā cānjiā le xuéxiào yuèduì.

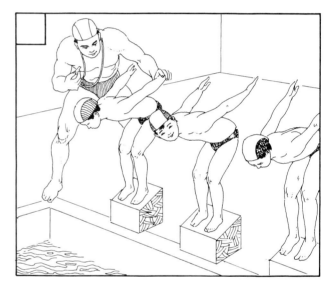

小 明 的 自 传
Xiǎo Míng de Zìzhuàn

Read the profile below to find out about Xiao Ming, his family, his school life and his interests.

Wǒ jiào Wáng Xiǎo Míng. Wǒ jīnnián shísān suì. Wǒ bú tài gāo, yě bú tài pàng. Wǒde tóufa hé yǎnjīng dōu shi hēisè de. Wǒ zhù zài Àodàlìyà Mò'ěrběn.

Wǒ jiā yǒu liù kǒu rén. Wǒ yǒu bàba, māma, liǎng ge gēge hé yí ge mèimei. Wǒ bàba shi lǎoshi. Wǒ māma shi yīshēng. Liǎng ge gēge dōu shi dàxuésheng. Mèimei shi xiǎoxuésheng. Wǒ jiā de fángzi bú tài dà, yě bú tài xiǎo. Wǒmen jiā yǒu liǎng liàng qìchē. Bàba, māma měitiān kāi chē shàngbān.

Wǒ shàng zhōngxué. Wǒ shàng bā niánjí. Wǒde xuéxiào hěn dà, hěn jiù, yǒu liù dòng jiàoshìlóu. Wǒde jiàoshì zài sān lóu 305 hào. Wǒde Zhōngwén lǎoshi xìng Wú. Wú Lǎoshi shi Zhōngguórén. Wǒ hěn xǐhuan shàng Zhōngwén kè. Wǒmen chángcháng xué Zhōngwén gē, zuò yóuxì, wǒmen yě zuò duìhuà, xiě hànzì. Wǒmende Zhōngwén bān yǒu èrshí wǔ ge xuésheng, shíwǔ ge nán xuésheng, shí ge nǚ xuésheng. Yángyang, Dàiwèi dōu shi wǒde hǎo péngyou. Tāmen hěn xǐhuan yùndòng, wǒ yě hěn xǐhuan. Pǎobù, yóuyǒng, dǎqiú wǒ dōu xǐhuan. Wǒ fēicháng xǐhuan kànshū. Wǒ zuì xǐhuan kàn xiǎoshuō hé diànyǐng zázhì. Wǒ chángcháng qù kàn diànyǐng, kěshì wǒ bù xǐhuan kǒngbù diànyǐng. Wǒ hái xǐhuan yīnyuè. Wǒ xǐhuan tīng yīnyuè, yě xǐhuan chànggē. Jīnnián wǒ cānjiā le xuéxiào yuèduì, zhēn yǒu yìsi!

Wǒ hěn xǐhuan wǒde xuéxiào, kěshì wǒ yě xǐhuan fàngjià. Wǒ hé wǒde péngyou chángcháng yìqǐ jìnchéng wánr. Wǒmen yě chángcháng qù hǎibiān yóuyǒng, sànbù. Wǒde shēnghuó hěn kuàilè.

Stage 1 Tell me a story

Shìjiè Shíqū

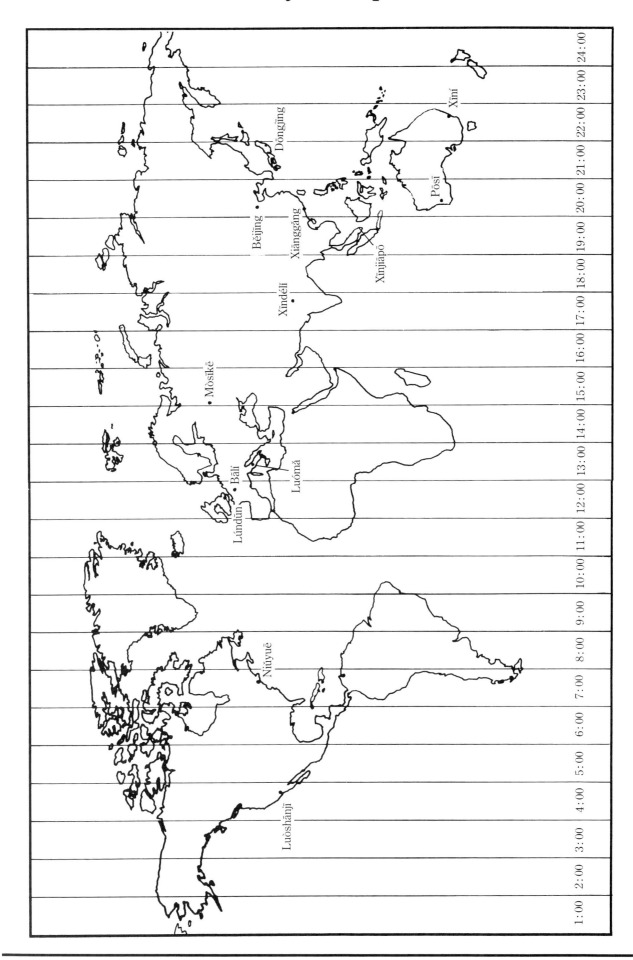

Jǐ diǎn?

Look at the cities marked on the world map, then find which of the statements below about time zones are true and which are false.

		duì	bú duì
1.	Lúndūn bǐ Bālí zǎo yí ge xiǎoshí.	☐	☐
2.	Xīní bǐ Pōsī zǎo liǎng ge xiǎoshí.	☐	☐
3.	Luòshānjī bǐ Xīngjiāpō wǎn shíwǔ ge xiǎoshí.	☐	☐
4.	Lúndūn hé Bālí zài tóng yí ge shíqū.	☐	☐
5.	Běijīng bǐ Dōngjīng wǎn yí ge xiǎoshí.	☐	☐
6.	Mòsīkē hé Luómǎ bú zài tóng yí ge shíqū.	☐	☐
7.	Niǔyuē zǎoshang qī diǎn de shíhou, Xiānggǎng shi xiàwǔ sì diǎn.	☐	☐
8.	Luómǎ xiàwǔ sì diǎn de shíhou, Xīndélǐ shi wǎnshang jiǔ diǎn.	☐	☐
9.	Běijīng zǎoshang bā diǎn de shíhou, Mòsīkē shi xiàwǔ sān diǎn.	☐	☐
10.	Xīní shàngwǔ shí diǎn de shíhou, Luòshānjī shi xiàwǔ sì diǎn.	☐	☐

Zài nǎr?

Read the sentences below the map, then tick either true or false for each one.

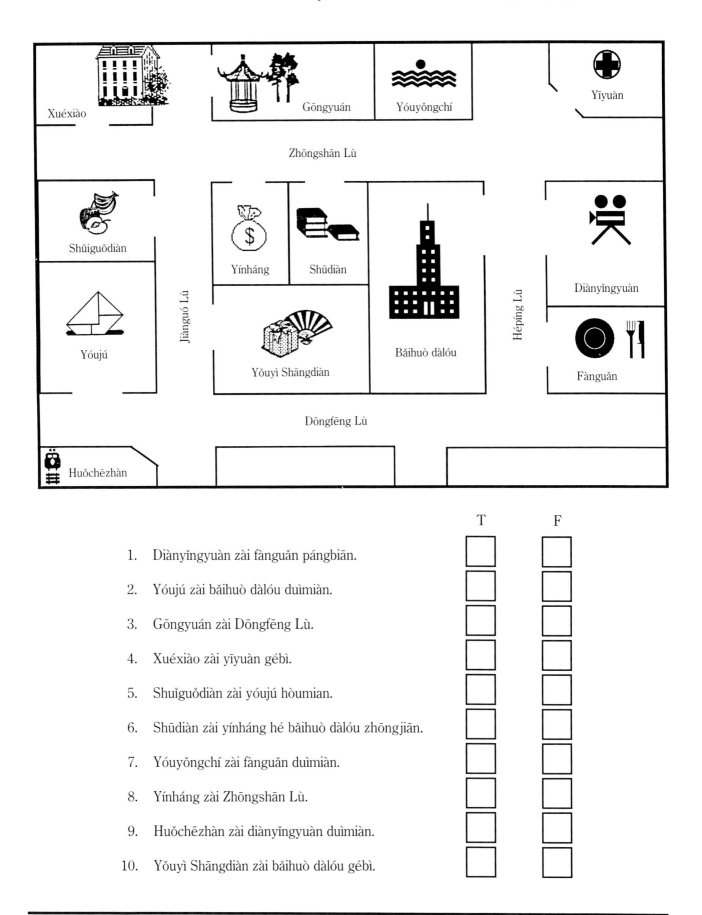

	T	F
1. Diànyǐngyuàn zài fànguǎn pángbiān.	☐	☐
2. Yóujú zài bǎihuò dàlóu duìmiàn.	☐	☐
3. Gōngyuán zài Dōngfēng Lù.	☐	☐
4. Xuéxiào zài yīyuàn gébì.	☐	☐
5. Shuǐguǒdiàn zài yóujú hòumian.	☐	☐
6. Shūdiàn zài yínháng hé bǎihuò dàlóu zhōngjiān.	☐	☐
7. Yóuyǒngchí zài fànguǎn duìmiàn.	☐	☐
8. Yínháng zài Zhōngshān Lù.	☐	☐
9. Huǒchēzhàn zài diànyǐngyuàn duìmiàn.	☐	☐
10. Yǒuyì Shāngdiàn zài bǎihuò dàlóu gébì.	☐	☐

在火车上

Zài Huǒchē Shang

Cuò zài năr?

The letters below the map have all been sent to different locations on the map of Nanjing. They have all been addressed incorrectly. Find the mistake on each envelope by checking the address against the map.

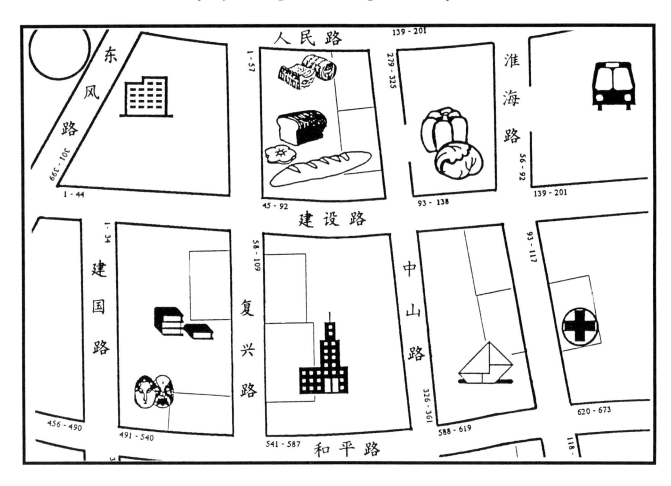

在火车站

Zài Huǒchēzhàn

Qǐngjiǎn

Wáng Jié has just received this invitation to his friend Lǐ Bīng's birthday party.

王 杰：

　　请你参加我的生日晚会。

时间：二月十六日
地点：中山路三十三号

李 冰

Wáng Jié:

　　Qǐng nǐ cānjiā wǒde shēngri wǎnhuì.

Shíjiān: Èryuè shíliùrì
Dìdiǎn: Zhōngshān Lù sānshí sān hào

Lǐ Bīng

Lǐ Fāng is sending a New Year card to her friend Guō Lín.

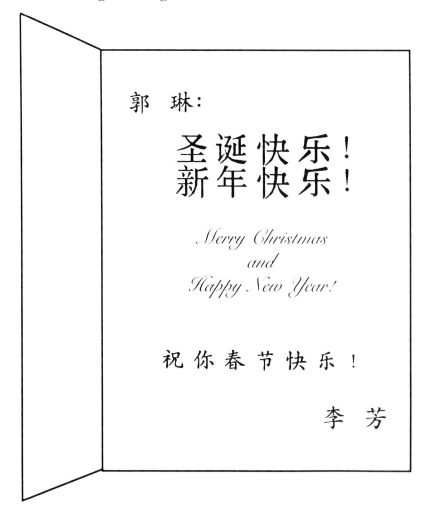

郭 琳：

圣诞快乐！
新年快乐！

Merry Christmas and Happy New Year!

祝你春节快乐！

李 芳

特 别 的 一 天
Tèbié de Yì Tiān

Read the entries below from student diaries to find out about something special that has happened to each student. Tell your partner about what happened to one student.

Èryuè èrrì　　Xīngqī'èr　　　　　　　　　　　　　　　　　　Qíng

　　Jīntiān shi wǒ dìyī tiān shàng zhōngxué. Xuéxiào hěn dà, xuésheng hěn duō, hé xiǎoxué bù yíyàng. Wǒmen bān yǒu èrshí èr ge xuésheng. Zhōngwǔ wǒ hé jǐ ge tóngxué tī zúqiú, hěn hǎowánr.

Jiǔyuè sānrì　　Xīngqīyī　　　　　　　　　　　　　　　　　　Qíng

　　Jīntiān wǒmen kāixué le. Wǒ xiǎoxué de péngyou dōu zài wǒmen bān li. Jīntiān Lǐ Lǎoshi, Zhāng Lǎoshi hé Zhào Lǎoshi jiāo wǒmen. Wǒ bú tài xǐhuan Lǐ Lǎoshi.

Qīyuè sānshírì　　Xīngqīliù　　　　　　　　　　　　　　　　　Yīn

　　Jīntiān shàngwǔ wǒmen zuò dào fēijī dà Xiānggǎng. Zhè shi wǒ dìyī cì lái Xiānggǎng. Xiānggǎng rén hěn duō, shāngdiàn yě hěn duō. Xiānggǎng bǐ Mò'ěrběn rènao. Wǒ hěn xǐhuan.

Shíyuè shíwǔrì　　Xīngqīsì　　　　　　　　　　　　　　　　　Yǔ

　　Jīntiān xiàwǔ wǒ shūshu cóng Měiguó lái. Fēijīchǎng rén hěn duō. Tā zuò de fēijī hěn dà. Tā gěi wǒmen dài le hěn duō lǐwù. Wǒ zuì xǐhuan niúzǎimào.

Stage 1　A special day

Kàn Dìtú

The maps below show the location of major cities in Australia and China and the longest rivers in both countries. The table on p. 69 gives some factual information about area, population and rivers.

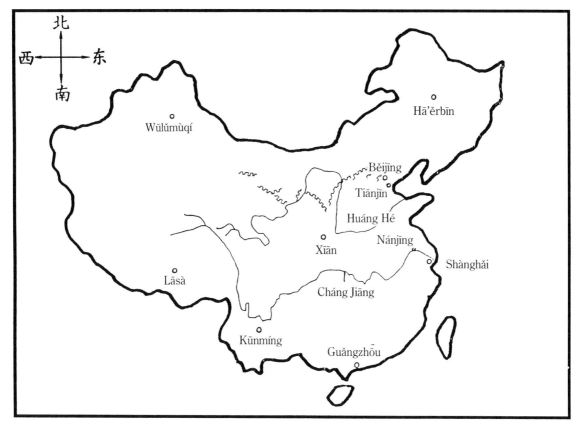

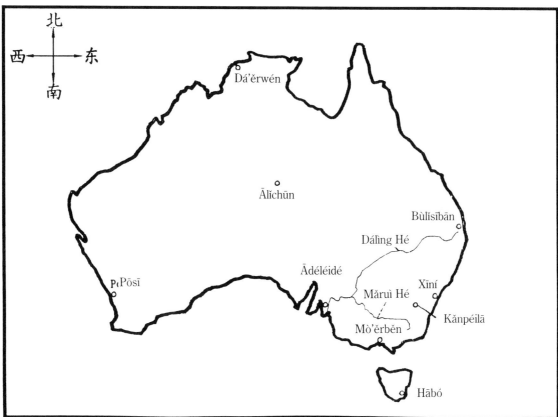

Miànji	
Áodàlìyà	7 682 300 píngfāng gōnglǐ
Zhōngguó	9 559 690 píngfāng gōnglǐ

Rénkǒu	
Zhōngguó	1 041 080 000
Shànghǎi	12 170 000
Běijīng	9 600 000
Tiānjīn	8 080 000
Nánjīng	4 500 000
Guǎngzhōu	3 290 000
Xīān	2 330 000
Kūnmíng	1 490 000
Hā'ěrbīn	2 630 000
Wūlǔmùqí	1 000 000
Lāsà	105 000
Àodàlìyà	16 806 730
Xīní	3 596 000
Mò'ěrběn	3 002 300
Kǎnpéilā	297 300
Ādéléidé	1 023 700
Bùlǐsībān	1 240 300
Pōsī	1 118 800
Dá'ěrwén	72 900
Ālǐchūn	25 500
Hābó	179 900

Héliú chángduǎn	
Chángjiāng	5520 gōnglǐ
Huáng hé	4672 gōnglǐ
Mǎruì hé	2600 gōnglǐ
Dálìng hé	2700 gōnglǐ

Tā shi nǎguó rén?

Complete the speech bubbles for each of the people illustrated below.

Tiānqì Yùbào

As you listen to the weather forecasts for the cities labelled on the map, match the weather symbols with the cities they correspond to.

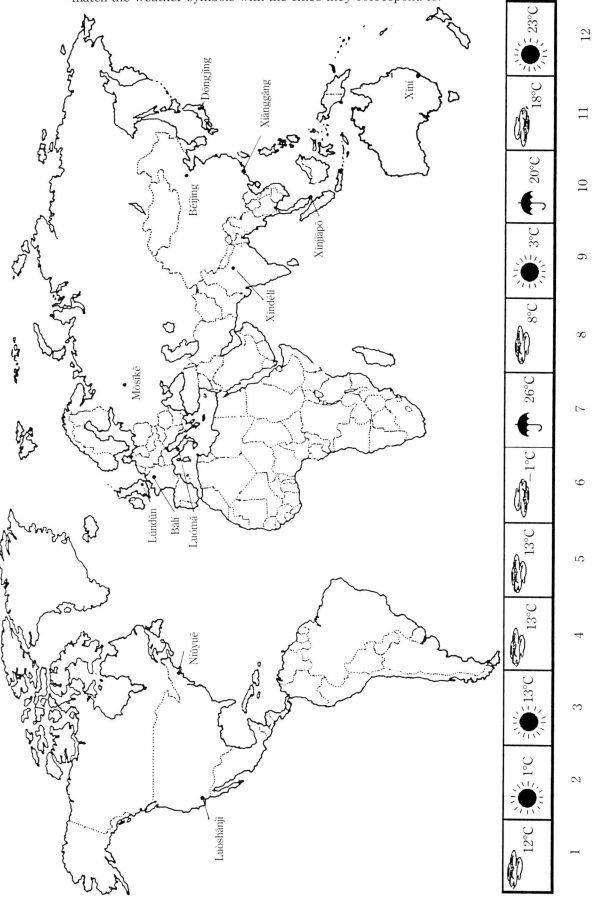

Stage 1 Different places, different people

送 礼 物
Sòng Lǐwù

1. The reports below are about birthdays of teenagers in China and Australia and gifts they received. Match each one with the appropriate illustrations.

Wǒ jiào Gānggang. Wǒ zhù zài Guǎngzhōu. Nàli xiàtiān hěn rè. Wǒ shísān suì shēngri de shíhou, jiějie sòng gěi wǒ yì dǐng tàiyángmào. Wǒ fēicháng gāoxìng.

Wǒ jiào Mǎlì. Wǒ shi yí ge Àodàlìyà nǚ háizi. Wǒ shàng qī niánjí le. Míngtiān shi qīyuè èrhào, shi wǒde shēngri. Yīnwei dōngtiān chángcháng xiàyǔ, suǒyǐ māma sòng gěi wǒ yí jiàn yǔyī.

Wǒ jiào Jímǐ. Wǒ hé bàba, māma zhù zài Mò'ěrběn. Jīntiān shi shíyīyuè èrshíhào, shi wǒde shísān suì shēngri. Xiàtiān kuài yào dào le, bàba sòng gěi wǒ yì tiáo yóuyǒngkú. Māma sòng gěi wǒ yí fù tàiyángjìng.

Wǒ jiào Xiǎo Jūn. Wǒ zhù zài Běijīng. Jīntiān shi shíyīyuè èrshíhào, shi wǒde shēngri. Yīnwei dōngtiān kuài yào dào le, suǒyǐ māma sòng gěi wǒ yì shuāng shǒutào.

2. Use this pattern to write about four different teenagers and their birthday gifts.

Stage 1 Word List

A week in my life

àihào	爱好	hobby	32
báitáng	白糖	sugar	40
càihuā	菜花	cauliflower	40
càiyóu	菜油	vegetable oil	40
fànguǎn	饭馆	restaurant	33
gōngyuán	公园	park	35
huángyóu	黄油	butter	40
jīdàn	鸡蛋	egg	40
jīròu	鸡肉	chicken (meat)	40
jiàngyóu	酱油	soy sauce	40
língshí	零食	snack	31
nǎiyóu	奶油	cream	40
qìshuǐ	汽水	soft drink	40
shēngcài	生菜	lettuce	40
shōushi	收拾	to tidy up	33
tiānqì	天气	weather	35
xīhóngshì	西红柿	tomato	40
xǐyīfěn	洗衣粉	soap powder	40
yán	盐	salt	40
yěcān	野餐	picnic	35
zhūròu	猪肉	pork	40

Relationships

cāntīng	餐室	dining room	46
cèsuǒ	厕所	toilet	46
chájī	茶几	coffee table	47
chēkù	车库	garage	47
chúfáng	厨房	kitchen	46
chūshēng rìqī	出生日期	date of birth	49
dài	戴	to wear	44
fángjiān	房间	room	46
gāngqín	钢琴	piano	47
huāyuán	花园	garden	48
jiān	间	measure word	47
kètīng	客厅	living room	47
nánrén	男人	man	44
nǚrén	女人	woman	44
shēngāo	身高	height	49
shūfáng	书房	study room	46
shūjià	书架	bookcase	47
shūzhuō	书桌	desk	47
tǐzhòng	体重	weight	49
wòshì	卧室	bedroom	46
xǐzǎojiān	洗澡间	bathroom	46
xìngbié	性别	sex	49
yàngzi	样子	appearance	43
yǎnjìng	眼镜	glass	44
yīfu	衣服	clothing, clothes	47
yǐzi	椅子	chair	48
yóuyǒngchí	游泳池	swimming pool	48

School life

cāochǎng	操场	sports ground	54
chēpiào	车票	public transport ticket	52
chǐzi	尺子	ruler	52
cídiǎn	词典	dictionary	52
dài	带	to bring, take	53
gāoxìng	高兴	happy	54
huàxué	化学	chemistry	51
jiàoshìlóu	教室楼	school building	54
kèběn	课本	textbook	52
kèbiǎo	课表	timetable (school)	51
lìshǐ	历史	history	54
qiānbǐdāo	铅笔刀	sharpener	52
qiánbāo	钱包	purse	52
qíng	晴	clear and fine (weather)	54
rèshuǐpíng	热水瓶	thermos flask	50
shǒukào	手铐	handcuffs	50
shǒutào	手套	gloves	50
shùxué	数学	maths	51
tángguǒ	糖果	sweets, candy	52
tǐyù	体育	physical education	54
xiàngpí	橡皮	rubber	52
yìqǐ	一起	together	54
yīn	阴	cloudy	54
zhì	至	to, until	51

Tell me a story

bāo	包	bag	56
bōlí	玻璃	glass	57
cā	擦	to polish	57
cānjiā	参加	to participate in, attend	58
dàsǎochú	大扫除	clean up	57
diànyǐng	电影	cinema, movie	59
dìbǎn	地板	floor	57
dòngwùyuán	动物园	zoo	55
duìhuà	对话	conversation	59
fàngjià	放假	to take a holiday	59
gānjìng	干净	clean	56
gǎnkuài	赶快	quickly, in a hurry	56
gāng	刚	as soon as, just as	56
gē	歌	song	59
hǎibiān	海边	seaside	59

jìnchéng	进城	to go into the city/downtown	59
kuài	快	(measure word) piece	56
kǒngbù	恐怖	horror	59
kuàilè	快乐	happy	59
lèi	累	tired	58
liànxí	练习	to practise	58
méi yìsi	没意思	uninteresting	58
píng	瓶	(measure word) bottle	56
qí	骑	to ride	56
ránhòu	然后	after that...	58
sànbù	散步	to go for a walk	59
shēnghuó	生活	life	59
xiàyǔ	下雨	to rain	56
xiǎoshuō	小说	novel	58
xiàoduì	校队	school team	58
yǐhòu	以后	after	57
yīshēng	医生	doctor	59
yìxiē	一些	some, a few, a little	56
yóuxì	游戏	game	59
yuèduì	乐队	band, orchestra	58
yùndòng	运动	sport	59
zāng	脏	dirty	58
zázhì	杂志	magazine	59
zhàn	站	to stand	57
zìzhuàn	自传	biography	59

Communication

bǎihuò dàlóu	百货大楼	department store	62
diànyǐngyuàn	电影院	picture theatre, cinema	62
gébì	隔壁	next to	62
huǒchēzhàn	火车站	railway station	62
shìjiè	世界	world	60
shíqū	时区	time zone	60
tóng	同	the same	61
yīyuán	医院	hospital	62
Yóuyì Shāngdiàn	友谊商店	Friendship Store	62

A special day

cì	次	time, occasion	67
dìdiǎn	地点	place	66
fēijī	飞机	aeroplane	67
fēijīchǎng	飞机场	airport	67
kāixué	开学	start school	67
niúzǎimào	牛仔帽	cowboy hat	67
qǐngjiǎn	请柬	invitation card	66
rènao	热闹	bustling	67
shāngdiàn	商店	store	67
shíjiān	时间	time	66
tèbié	特别	special	67
wǎnhuì	晚会	evening party	66
yíyàng	一样	same	67
zuò	坐	(travel) by/on	67

Different places, different people

dìtú	地图	map	68
dǐng	顶	measure word for hat	72
dōngtiān	冬天	winter	72
fù	副	(measure word) pair	72
gōnglǐ	公里	kilometre	69
lǐwù	礼物	present, gift	72
miànji	面积	area	69
píngfāng	平方	square	69
rè	热	hot	72
shǒutào	手套	gloves	72
shuāng	双	(measure word) pair	72
sòng	送	to give, send	72
suǒyǐ	所以	so, therefore	72
tàiyáng mào	太阳帽	sun hat	72
tiáo	条	measure word	72
xiàtiān	夏天	summer	72
yīnwei	因为	because	72
yóuyǒngkù	游泳裤	swimsuit	72
yǔyī	雨衣	raincoat	72

Stage 2

我 搬 家 了
Wǒ Bānjiā le

The letter below is from Ann's Chinese penfriend, Lǐ Fāng. Find out Lǐ Fāng's new address.

安娜：

　　你好！上星期我们搬家了。我们的新家离汽车站很远。我现在不坐公共汽车上学了。我骑车上学。我们的新家离爸爸，妈妈上班的地方很近，他们走路上班。

　　我们住的这条街叫西四大街。我的好朋友佳佳也住在西四大街。我们现在是邻居。我家住在三十八号，她家住在四十号。我经常去她家。她也经常来我家。

　　你什么时候来北京旅游？欢迎你到我家来玩。

你的中国朋友
李芳

Ānnà:

Nǐ hǎo! Shàng xīngqī wǒmen bānjiā le. Wǒmende xīn jiā lí qìchēzhàn hěn yuǎn. Wǒ xiànzài bú zuò gōnggòng qìchē shàngxué le. Wǒ qí chē shàngxué. Wǒmende xīn jiā lí bàba, māma shàngbān de dìfang hěn jìn, tāmen zǒu lù shàngbān.

Wǒmen zhù de zhèi tiáo jiē jiào Xīsì Dàjiē. Wǒde hǎo péngyou Jiājia yě zhù zài Xīsì Dàjiē. Wǒmen xiànzài shi línjū. Wǒ jiā zhù zài sānshíbā hào, tā jiā zhù zài sìshí hào. Wǒ jīngcháng qù tā jiā. Tā yě jīngcháng lái wǒ jiā.

Nǐ shénme shíhou lái Běijīng lǚyóu? Huānyíng nǐ dào wǒ jiā lái wán.

Nǐde Zhōngguó péngyou

Lǐ Fāng

大卫家的房子
Dàwèi Jiā de Fángzi

You will hear a description of the house where David used to live and the house his family has just moved in to. Tick the appropriate boxes below to match the descriptions you hear.

以前				现在			
1. 房子	🏠	大 小	☐ ☐	1. 房子	🏠	大 小	☐ ☐
2. 卧室	🛏️	一间 二间 三间	☐ ☐ ☐	2. 卧室	🛏️	一间 二间 三间	☐ ☐ ☐
3. 车库	🚗	有 沒有	☐ ☐	3. 车库	🚗	有 沒有	☐ ☐
4. 餐厅	🍽️	有 沒有	☐ ☐	4. 餐厅	🍽️	有 沒有	☐ ☐
5. 厕所	🚽	一个 两个	☐ ☐	5. 厕所	🚽	一个 两个	☐ ☐
6. 洗澡间	🚿	一个 两个	☐ ☐	6. 洗澡间	🚿	一个 两个	☐ ☐
7. 花园	🌳	大 小	☐ ☐	7. 花园	🌳	大 小	☐ ☐

是怎么回事？
Shi zěnme huíshì?

Read the student diary entries below to find out what happened to change their day-to-day routine.

八月三十日　星期三　　　　　　　　　　　　　　　　　　　　　晴

　　今天我们的中文老师生病了，没来上课。代课教师不会说中文，她让我们用中文写日记。我很高兴我能用中文写日记了。

Bāyuè sānshírì Xīngqīsān　　　　　　　　　　　　　　　　　　qíng

　　Jīntiān wǒmende Zhōngwén lǎoshi shēngbìng le, méi lái shàngkè. Dàikè jiàoshī bú huì shuō Zhōngwén, tā ràng wǒmen yòng Zhōngwén xiě rìjì. Wǒ hěn gāoxìng wǒ néng yòng Zhōngwén xiě rìjì le.

三月五日　星期二　　　　　　　　　　　　　　　　　　　　　　晴

　　今天中午我没回家吃午饭，因为奶奶病了。吃早饭的时候，妈妈说奶奶不舒服，让我中午在学校食堂吃午饭。

　　学校食堂不大，可是有很多老师和同学在食堂吃午饭。我买了二两米饭，一个肉片儿炒青椒。可是米饭很硬，肉片儿炒青椒很咸，真不好吃。奶奶的病快点儿好吧。我喜欢吃奶奶做的饭。

Sānyuè wǔrì Xīngqī'èr　　　　　　　　　　　　　　　　　　　qíng

　　Jīntiān zhōngwǔ wǒ méi huíjiā chī wǔfàn, yīnwei nǎinai bìng le. Chī zǎofàn de shíhou, māma shuō nǎinai bù shūfu, ràng wǒ zhōngwǔ zài xuéxiào shítáng chī wǔfàn.

　　Xuéxiào shítáng bú dà, kěshì yǒu hěn duō lǎoshi hé tóngxué zài shítáng chī wǔfàn. Wǒ mǎi le èr liǎng mǐfàn, yí ge ròupiànr chǎo qīngjiāo. Kěshì, mǐfàn hěn yìng, ròupiànr chǎoqīngjiāo hěn xián, zhēn bù hǎochī. Nǎinai de bìng kuài diǎnr hǎo ba. Wǒ xǐhuan chī nǎinai zuò de fàn.

Stage 2　A change of routine

Fàng zài năr?

Write instructions for placing pieces of furniture in the house illustrated below. Two examples are given.

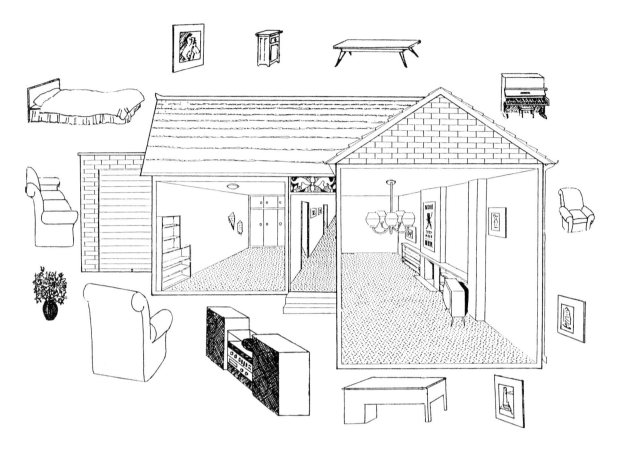

Examples

1. Bǎ chuáng fàng zài shūjià de pángbiān.

2. Bǎ shuāngrén shāfā fàng zài diànshìjī duìmiàn.

Now write a set of instructions for placing furniture in the classroom.

Kàn Bìng

Match the list of ailments in the left-hand column with suitable remedies from those listed in the right-hand column.

Nǎr bù shūfu?	Nǐ yīnggāi ...
tóu téng	zǎo shuìjiào
dùzi téng	shǎo chī tián de dōngxi
sǎngzi téng	duō hē kāi shuǐ
gǎnmào	duō chuān yīfu
késou	duō chī shuǐguǒ hé shūcài
yá téng	shǎo kàn diànshì
	duō yùndòng

Stage 2   A change of routine

休 息 几 天
Xiūxi Jǐ Tiān

As you listen to the conversations between the doctor and patient, complete the medicine envelopes below to show what the doctor has prescribed. You will also need to fill in the patient's name on each envelope. Make up your own name or ask the teacher for suggestions.

北京第一人民医院	北京第一人民医院
药 袋	药 袋
姓 名	姓 名
饭 前 / 后	饭 前 / 后
每次　　片,每日　　次	每次　　片,每日　　次

北京第一人民医院	北京第一人民医院
药 袋	药 袋
姓 名	姓 名
饭 前 / 后	饭 前 / 后
每次　　片,每日　　次	每次　　片,每日　　次

Xiūxi Jǐ Tiān

Read the story below about David's illness, then match each paragraph with the appropriate illustration.

1. Fùhuó Jié dào le. Dàwèi xiǎng hǎohao wánr jǐ tiān. Dìyī tiān tā chī le hěn duō táng, bīngqílín hé zháshǔpiànr, hái yǒu xǔduō kěkǒukělè. Tā yìtiān dōu zuò zài wàibian shài tàiyang, tīng yīnyuè, kàn xiǎorénshū. Dàwèi shuō: 'Jīntiān wánr de zhēn gāoxìng.'

2. Dì'èr tiān, Dàwèi bìng le. Tāde yǎnjīng hónghóng de, ěrduo téng, yá téng, dùzi yě téng, pífū yòu hóng yòu yǎng. Tā zhǐhǎo qù kàn bìng. Yīshēng shuō tā yīnggāi hǎohao xiūxì jǐ tiān.

3. Dìsān tiān, Dàwèi yìtiān dōu tǎng zài chuáng shang. Tā bù xiǎng chī, yě bù xiǎung hē.

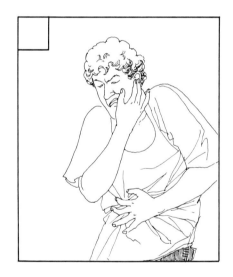  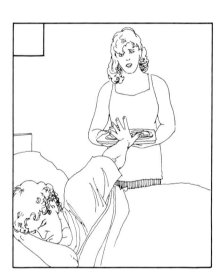

Stage 2 A change of routine

我 妹 妹
Wǒ Mèimei

These illustrations describe the situation at home after the arrival of a baby sister.

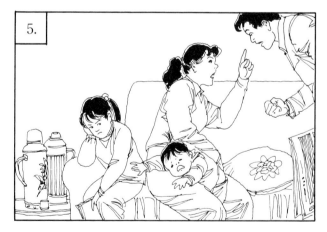

Match the sentences below with the illustrations they correspond to.

a. 她常常撕我的书和本子。
b. 美丽出生前，我家很干净、整齐。
c. 夜里她常常哭。我睡不着觉。
d. 我家和以前大不一样了。
e. 厨房的地板也总是很脏。
f. 现在客厅都是她的玩具。

在 中 国 旅 游
Zài Zhōngguó Lǚyóu

As you listen to the account of Danny's trip through China, on the map below mark the places he visited and the order in which he visited them.

Stage 2   Keeping in touch

是 什 么 意 思 ?
Shì shénme yìsi?

As you listen to the dialogues, number the symbols below to show which dialogue they correspond to.

牌子上写的是什么？
Páizi shang xiě de shi shénme?

Match the written signs below with their corresponding symbols on p. 86.

禁止吸烟

候车室

存车处

禁止停车

禁止入内

请勿照相

人行道

出口

入口

接 电 话
Jiē Diànhuà

Find out who the telephone messages below are for and what the messages are about.

王杰：
　　你下午给周平打电话。
电话号码：62 2024
　　　　　姐姐
　　　　　2.25

老王：
　　你儿子来电话，让你早点回家。
　　　　　李建华
　　　　　9.8

阳阳：
　　郭琳来电话，明天不能来我们家。
　　　　　妈妈
　　　　　7.30

爸爸：
　　马叔叔来电话明天下午让您去火车站接人。别忘了！
　　　　　刚刚
　　　　　8.22

妈妈：
　　爸爸来电话，让您五点在百货大楼门前等他。

　　　　　小杰
　　　　　7.30

Nǐ xiǎng dài shénme dōngxi qù lǚxíng?

How many items in the list below will you take on your travels?

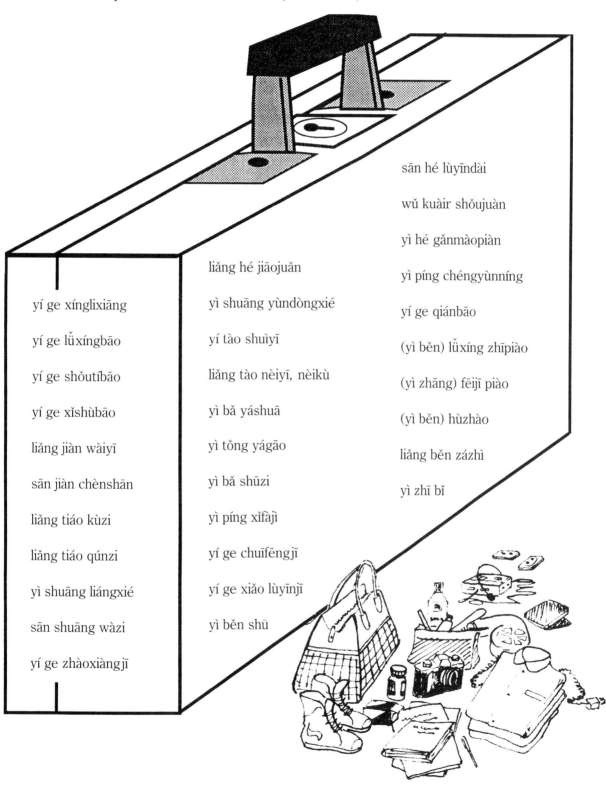

yí ge xínglixiāng
yí ge lǚxíngbāo
yí ge shǒutíbāo
yí ge xǐshùbāo
liǎng jiàn wàiyī
sān jiàn chènshān
liǎng tiáo kùzi
liǎng tiáo qúnzi
yì shuāng liángxié
sān shuāng wàzi
yí ge zhàoxiàngjī

liǎng hé jiāojuǎn
yì shuāng yùndòngxié
yí tào shuìyī
liǎng tào nèiyī, nèikù
yì bǎ yáshuā
yì tǒng yágāo
yì bǎ shūzi
yì píng xǐfàjì
yí ge chuīfēngjī
yí ge xiǎo lùyīnjī
yì běn shū

sān hé lùyīndài
wǔ kuàir shǒujuàn
yì hé gǎnmàopiàn
yì píng chéngyùnníng
yí ge qiánbāo
(yì běn) lǚxíng zhīpiào
(yì zhāng) fēijī piào
(yì běn) hùzhào
liǎng běn zázhì
yì zhī bǐ

Stage 2 Keeping in touch

你想带什么东西去旅行?
Nǐ xiǎng dài shénme dōngxi qù lǚxíng?

How many items in the list below will you take on your travels?

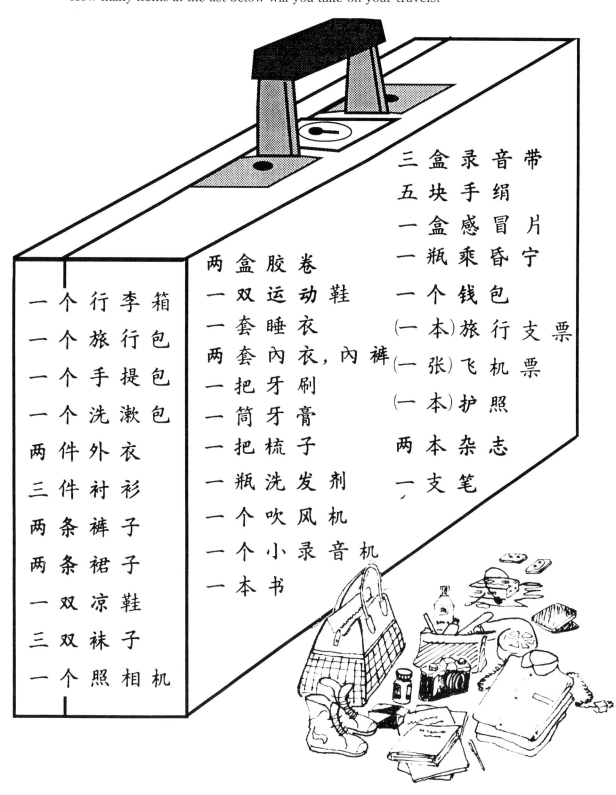

一个 箱包
一个 行李包
一个 旅行提包
一个 手提漱洗包
一件 外衣
两件 衬衫子
三件 裤子
两条 裙子
两条 凉鞋
一双 袜子
三双 照相机
一个

两盒 胶卷
一双 运动鞋
一套 睡衣
两套 内衣，内裤
一把 牙刷
一筒 牙膏
一把 梳子
一瓶 洗发剂
一个 吹风机
一个 小录音机
一本 书

三盒 录音带
五块 手绢
一盒 感冒片
一瓶 乘昏宁
一个 钱包
(一本) 旅行支票
(一张) 飞机票
(一本) 护照
两本 杂志
一支 笔

安 排 旅 行
Ānpái Lǚxíng

Below is the outline of an itinerary for the first three days of a trip to China. Complete the itinerary by using the information you were given by your partner to the questions on Worksheet 4.

第 一 天

_____年 _____月 _____日   星 期 _____

班 机 _____

起 飞 时 间 _____ 地 点 _____

到 达 时 间 _____ 地 点 _____

旅 馆 _____

参 观 时 间 _____ 地 点 _____
　　　　　_____

午 饭 时 间 _____ 地 点 _____

第 二 天

_____年 _____月 _____日   星 期 _____

出 发 时 间 _____ 地 点 _____

到 达 时 间 _____ 地 点 _____

旅 馆 _____

参 观 时 间 _____ 地 点 _____
　　　　　_____

午 饭 时 间 _____ 地 点 _____

第 三 天

_____年 _____月 _____日   星 期 _____

出 发 时 间 _____ 地 点 _____

到 达 时 间 _____ 地 点 _____

旅 馆 _____

参 观 时 间 _____ 地 点 _____
　　　　　_____

午 饭 时 间 _____ 地 点 _____

Stage 2　Keeping in touch

Nǐ fàng xīn ba!

Some situations in which you may find yourself while travelling are listed in the left-hand column below. Match the situations with the appropriate advice in the right-hand column.

tiānqi lěng
- bú yào zháojí

- yào dài yǎnjìng

mǎi dōngxi
- bú yào dài tài duō de qián

- yào duō chuān yīfu

dài qián
- bú yào chī tài duō de dōngxi

- bú yào shài tàiyang

tiānqi rè
- yào zhǎo jǐngchá

- bú yào chī tài yóu de dōngxi

dài dōngxi
- yào zhùyì xiǎotōu

- bú yào huā tài duō de qián

xià yǔ
- yào dài màozi

- yào dài yǔsǎn

chī dōngxi
- yào zhùyì zāng de dōngxi

护 照
Hùzhào

Below is an example of a Chinese passport. Find out the details of the holder of this passport.

中华人民共和国

护 照

République Populaire de Chine

PASSEPORT

People's Republic of China

PASSPORT

号 码：
No. 851979

中华人民共和国

护 照

姓　　名　　李萍
性　　别　　女
出生年月日　一九五零年四月八日
出生地点　　北京
偕行儿童　　一人

姓名	性别	出生年月日
王芳	女	一九七五年十月八日

持照人签名
Signature du titulaire
Signature of the bearer

Stage 2 Keeping in touch

Gěi Péngyou Xiě Xìn

Read the letter below from a student in China, then imagine you are George, his new penfriend, and write a short reply.

Qiáozhì: Nǐ hǎo!

Wǒ jiào Zhāng Xiǎodōng, jīnnián shísì suì. Wǒ shi Běijīng Dìbāshíwǔ Zhōngxué èr niánjí de xuésheng. Wǒ jiā yǒu sān kǒu rén, yǒu bàba, māma hé wǒ.

Wǒ jiā zhù zài Běijīng. Běijīng zài Zhōngguó de dōngbù, shi Zhōngguó de shǒudū. Běijīng xiàtiān hěn rè, dōngtiān hěn lěng, chūntiān cháng guāfēng. Wǒ zuì xǐhuan Běijīng de qiūtiān, bù lěng bú rè. Zài qiūtiān, wǒmen cháng qù Xiāngshān Gōngyuán. Xiāngshān Gōngyuán zài Běijīng de xīběibù. Xiāngshān shi gōngyuán li de yí zuò xiǎo shān, shān shang yǒu hěn duō shùmù, qiūtiān shù shang de yèzi dōu shi hóngsè de, fēicháng hǎokàn.

Wǒmen de xuéxiào lí wǒ jiā bù yuǎn. Wǒ měitiān qí chē shàngxué. Wǒ zuì xǐhuan shàng Wùlǐ, Huàxué, Yīngwén hé Tǐyukè. Dìlǐkè hé Zhōngwénkè yě hěn yǒu yìsi. Wǒ bù xǐhuan Shùxué hé Zhèngzhìkè, Shùxuèkè de zuòyè tài duō.

Wǒmen měitiān yǒu liù jié kè, zhōngwǔ yǒu liǎng ge xiǎoshí chīfàn hé wǔshuì shíjiān. Hěn duō tóngxué zhōngwǔ huíjiā chīfàn. Wǒ měitiān dài fàn. Wǒ bù xǐhuan zài zhōngwǔ shuìjiào, wǒ cháng qù dǎ lánqiú.

Nǐde xuéxiào zěnme yàng? Nǐ xuéxí máng ma? Qǐng nǐ gěi wǒ xiě xìn. Zhù nǐ jìnbù!

Xiǎo Dōng

1991.5.16

给朋友写信

Read the letter below from a student in China, then imagine you are George, his new penfriend, and write a short reply.

乔治：你好！

　　我叫张小东，今年十四岁。我是北京第八十五中学二年级的学生。我家有三口人，有爸爸，妈妈和我。

　　我家住在北京。北京在中国的东部，是中国的首都。北京夏天很热，冬天很冷，春天常刮风，我最喜欢北京的秋天，不冷不热。在秋天，我们常去香山公园。香山公园在北京的西北部。香山是公园里的一座小山。山上有很多树木，秋天树上的叶子都是红色的，非常好看。

　　我们的学校离我家不远。我每天骑车上学。我最喜欢上物理、化学、英文和体育课。地理课和中文课也很有意思。我不喜欢数学和政治课，数学课的作业太多。

　　我们每天有六节课，中午有两个小时吃饭和午睡时间。很多同学中午回家吃饭。我每天带饭。我不喜欢在中午睡觉，我常去打篮球。

　　你的学校怎么样？你学习很忙吗？请你给我写信。

　　祝你进步！

　　　　　　　　　　　　　　　　　　　小东

　　　　　　　　　　　　　　　　　　　1991.5.16

是 谁 写 的？
Shì shéi xiě de?

Ask your partner questions to find out who wrote the letter to Měilíng. Was it Xiǎo Dōng or Xiǎo Fāng? Below is Xiǎo Fāng's letter.

小丽：

你好！开学一个星期了。我们每天都很忙。我的新学校很大，有一千二百个学生，有三百个学生住校。他们每星期五下午回家，星期天晚上回学校。我们学校很多学生在学校食堂吃午饭。我每天中午回家吃午饭。

我们学校里有三个教室楼，老师的办公室也在教室楼里。学校的礼堂和操场都很大。我们每天在操场上做早操。学校的图书馆在教室楼后面。图书馆很大，学生可以在图书馆里看书，也可以借走。

我们班里的同学都很好，老师也很耐心。

你怎么样？有时间给我写信。

小芳

1991.9.8

Xiǎo Lì:

Nǐ hǎo! Kāixuè yí ge xīngqī le. Wǒmen měitiān dōu hěn máng. Wǒde xīn xuéxiào hěn dà, yǒu yìqiān èrbǎi ge xuésheng, yǒu sānbǎi ge xuésheng zhù xiào. Tāmen měi xīngqīwǔ xiàwǔ huíjiā, xīngqītiān wǎnshang huí xuéxiào. Wǒmen xuéxiào hěn duō xuésheng zài xuéxiào shítáng chī wǔfàn. Wǒ měitiān zhōngwǔ huíjiā chī wǔfàn.

Wǒmen xuéxiào li yǒu sān ge jiàoshìlóu, lǎoshi de bàngōngshì yě zài jiàoshìlóu li. Xuéxiào de lǐtáng hé cāochǎng dōu hěn dà. Wǒmen měitian zài cāochǎng shang zuò zǎocāo. Xuéxiào de túshūguǎn zài jiàoshìlóu hòumian. Túshūguǎn hěn dà, xuésheng kěyǐ zài túshūguǎn li kànshū, yě kěyǐ jièzǒu.

Wǒmen bān li de tóngxué dōu hěn hǎo, lǎoshi yě hěn nàixīn.

Nǐ zěnme yàng? Yǒu shíjiān gěi wǒ xiěxìn.

Xiǎo Fāng

1991.9.8

The letter that follows was written by Xiǎo Dōng.

小丽：

　　你好！我现在不在立新学校了。我现在在八中上学，我的新学校很大，有三个教室楼，教室楼不太高。老师的办公室在一号教室楼里。学校的操场很大，我们每天在那儿做早操。操场旁边是学校图书馆。图书馆不太大，可是里面有很多书和杂志。我常去图书馆借书。

　　我的新学校有一千多个学生。有的学生住校，他们星期五下午回家。我家离学校不太远，我每天下午回家。我中午在学校食堂吃午饭。

　　我的新同学和新老师都很好。

　　你好吗？有时间给我写信。

小 东
1991．9·5

Xiǎo Lì:

　　Nǐ hǎo! Wǒ xiànzài bú zài Lìxīn xuéxiào le. Wǒ xiànzài zài Bā Zhōng shàngxué. Wǒde xīn xuéxiào hěn dà, yǒu sān ge jiàoshìlóu. Jiàoshìlóu bú tài gāo. Lǎoshi de bàngōngshì zài yī hào jiàoshìlóu li. Xuéxiào de cāochǎng hěn dà, wǒmen měitiān zài nàr zuò zǎocāo. Cāochǎng pángbiān shi xuéxiào túshūguǎn. Túshūguǎn bú tài dà, kěshì lǐmian yǒu hěn duō shū hé zázhì. Wǒ cháng qù túshūguǎn jiè shū.

　　Wǒde xīn xuéxiào yǒu yìqiān duō ge xuésheng. Yǒu de xuésheng zhù xiào, tāmen xīngqīwǔ xiàwǔ huíjiā. Wǒ jiā lí xuéxiào bú tài yuǎn, wǒ měitiān xiàwǔ huíjiā. Wǒ zhōngwǔ zài xuéxiào shítáng chī wǔfàn.

　　Wǒde xīn tóngxué hè xīn lǎoshi dōu hěn hǎo.

　　Nǐ hǎo ma? Yǒu shíjiān gěi wǒ xiěxìn.

Xiǎo Dōng
1991.9.5

商品指南
Shāngpǐn Zhǐnán

The store guide below shows some of the departments in a Chinese department store. You will find the English for these departments in the Word List (see p. 129).

一　　楼

土产杂品，体育用品，自行车，家具

二　　楼

箱包，烟酒，糖果，糕点

三　　楼

文具，钟表，照相机，家用电器

四　　楼

床上用品，男女服装，鞋帽

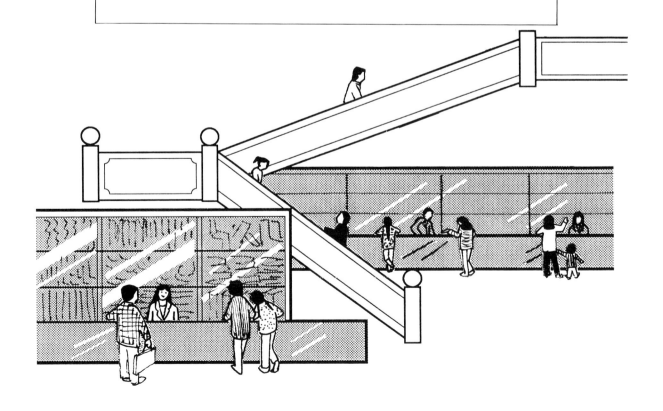

买 纪 念 品
Mǎi Jìniànpǐn

Illustrated below are some typical souvenirs you would buy when visiting China.

Stage 2 Around town

买 纪 念 品
Mǎi Jìniànpǐn

Below are the names of the souvenirs illustrated on p. 99.

1. 字画 — zìhuà
2. 文房四宝 — wénfáng sìbǎo
3. 唐三彩 — Táng sāncǎi
4. 挂毯 — guà tǎn
5. 风筝 — fēngzheng
6. 手饰 — shǒushì
7. 扇子 — shànzi
8. 汗衫 — hànshān
9. 台布 — táibù
10. 景泰蓝花瓶 — jǐngtàilán huāpíng
11. 灯笼 — dēnglong
12. 工艺瓷盘 — gōngyì cípán
13. 剪纸 — jiǎnzhǐ
14. 软木雕 — ruǎnmù diāo

你喜欢什么活动？

看电影

看电视

看书

玩电子游戏

去"迪斯科"舞厅跳舞

去游泳

打乒乓球

去朋友的家

去旅游

去野餐

去百货大楼买衣服

去"麦克唐纳"吃午饭

逛商店

kàn diànyǐng

kàn diànshì

kànshū

wán diànzǐ yóuxì

qù 'Dísīkē' wǔtīng tiàowǔ

qù yóuyǒng

dǎ pīngpāngqiú

qù péngyou de jiā

qù lǚyóu

qù yěcān

qù bǎihuòdàlóu mǎi yīfu

qù 'Màikètángnà' chī wǔfàn

guàng shāngdiàn

在饭馆里
Zài Fànguǎn li

你能做什么？
Nǐ néng zuò shènme?

Complete the questionnaire below about the things you are allowed to do and those you are not allowed to do by ticking the appropriate column for each of the activities listed.

你想做的事	父母让做	父母不让做
使用化装品		
烫头发		
穿时髦的衣服		
抽烟		
喝酒		
玩电子游戏		
去城里看电影		
去舞厅跳舞		
交男/女朋友		
找零活		

Nǐ Xiǎng Zuò de Shìqing	Fùmǔ Ràng Zuò	Fùmǔ Bú Ràng Zuò
shǐyòng huàzhuāngpǐn		
tàng tóufa		
chuān shímáo de yīfu		
chōuyān		
hējiǔ		
wán diànzǐ yóuxì		
qù chéng li kàn diànyǐng		
qù wǔtīng tiàowǔ		
jiāo nán/nǚ péngyou		
zhǎo línghuó		

Mǎlì hé Tāde Māma (1)

You will hear statements about the things Mary's mother owned at the age of 15 and the things that Mary herself owns. As you listen, tick the boxes below to show what each owned or owns.

Mǎlì de Māma	
niúzǎikù	☐
zìxíngchē	☐
shōuyīnjī	☐
diànnǎo	☐
lùyīnjī	☐
jìsuànqì	☐
zhàoxiàngjī	☐
dǎzìjī	☐
xiǎoshuō	☐
zázhì	☐
shíyīng shǒubiǎo	☐
yínháng cúnkuǎn	☐
xìnyòngkǎ	☐

Mǎlì	
niúzǎikù	☐
zìxíngchē	☐
shōuyīnjī	☐
diànnǎo	☐
lùyīnjī	☐
jìsuànqì	☐
zhàoxiàngjī	☐
dǎzìjī	☐
xiǎoshuō	☐
zázhì	☐
shíyīng shǒubiǎo	☐
yínháng cúnkuǎn	☐
xìnyòngkǎ	☐

Mǎlì hé Tāde Māma (2)

Read the statements below about the things Mary's mother owned at the age of 15 and those that Mary herself owns. Tick the boxes on the right-hand side to show which statements are true and which are false.

		T	F
1.	Mǎlì yǒu shōuyīnjī.	☐	☐
2.	Mǎlì de māma shíwǔ suì de shíhou yǒu xiǎoshuō.	☐	☐
3.	Mǎlì yě yǒu xiǎoshuō.	☐	☐
4.	Mǎlì de māma shàng zhōngxué de shíhou yǒu jìsuànjī.	☐	☐
5.	Mǎlì yǒu dǎzìjī.	☐	☐
6.	Mǎlì de māma yě yǒu dǎzìjī.	☐	☐
7.	Mǎlì de māma méi yǒu zìxíngchē, Mǎlì yě méi yǒu zìxíngchē.	☐	☐
8.	Mǎlì de māma yǒu yínháng cúnkuǎn, kěshì Mǎlì méi yǒu.	☐	☐
9.	Mǎlì méi yǒu niúzǎikù, kěshì tāde māma shíwǔ suì de shíhou yǒu niúzǎikù.	☐	☐
10.	Mǎlì yǒu zhàoxiàngjī, kěshì Mǎlì de māma méi yǒu.	☐	☐

你一个星期花多少钱？
Nǐ yí ge xīngqī huā duōshao qián?

Respond to the questionnaire below by ticking the appropriate column to show how much you spend each week on each of the items listed.

一周之内买的东西	$2.00 以下	$2.00–$5.00	$5.00–$10.00	$10.00–$20.00	$20.00–$50.00	$50.00 以上
买衣服						
看电影						
玩电子游戏						
买车票						
买杂志						
买学习用品						
租录像带						
去舞厅跳舞						
买零食						
其他						

Yì zhōu zhīnèi mǎi de dōngxi	$2.00 yǐxià	$2.00–$5.00	$5.00–$10.00	$10.00–$20.00	$20.00–$50.00	$50.00 yǐshàng
mǎi yīfu						
kàn diànyǐng						
wán diànzǐ yóuxì						
mǎi chēpiào						
mǎi zázhì						
mǎi xuéxí yòngpǐn						
zū lùxiàngdài						
qù wǔtīng tiàowǔ						
mǎi língshí						
qítā						

你喜欢什么样的人?
Nǐ xǐhuan shénme yàng de rén?

In the questionnaire below tick one of the four columns for each of the qualities listed to show the sort of friends you like to have.

特点	很重要	重要	不太重要	不重要
聪明				
喜欢开玩笑				
爱说话				
喜欢运动				
友好				
喜欢学习				
做事认真				
喜欢音乐				
爱帮助人				

Tèdiǎn	Hěn Zhòngyào	Zhòngyào	Bú Tài Zhòngyào	Bú Zhòngyào
cōngming				
xǐhuan kāiwánxiào				
ài shuōhuà				
xǐhuan yùndòng				
yǒuhǎo				
xǐhuan xuéxí				
zuòshì rènzhēn				
xǐhuan yīnyuè				
ài bāngzhù rén				

Dà Sǎochú

我请你...
Wǒ qǐng nǐ...

Read the invitations below to find out some of the things that Chinese teenagers in China and Australia do together. Then read the replies to the invitations.

王勇：

　　下星期天下午，我们全家要去工人体育场，看国家队和香港队足球比赛。爸爸突然有事不能去了。我想你一定愿意和我们一起去，因为我知道你非常喜欢踢足球。请你早一点儿回信，告诉我你愿意不愿意去。

　　　　　　　　　　赵强
　　　　　　　　　　六月八日

Wáng Yǒng:

　　Xià xīngqītiān xiàwǔ, wǒmen quán jiā yào qù Gōngrén Tǐyùchǎng, kàn Guójiāduì hé Xiānggǎngduì zúqiú bǐsài. Bàba tūrán yǒu shì bù néng qù le. Wǒ xiǎng nǐ yídìng yuànyi hé wǒmen yìqǐ qù, yīnwei wǒ zhīdao nǐ fēicháng xǐhuan tī zúqiú. Qǐng nǐ zǎo yìdiǎnr huí xìn, gàosu wǒ nǐ yuànyi bú yuànyi qù.

　　　　　　　　　　Zhào Qiáng
　　　　　　　　　　Liùyuè bārì

赵强：

　　你好！收到你的信很高兴。我很愿意和你们一起去看足球比赛。星期天下午我在工人体育场东门等你们。

　　　　　　　　　　王勇
　　　　　　　　　　六月十一日

Zhào Qiáng:

　　Nǐ hǎo! Shōudào nǐde xìn hěn gāoxìng. Wǒ hěn yuànyi hé nǐmen yìqǐ qù kàn zúqiú bǐsài. Xīngqītiān xiàwǔ wǒ zài Gōngrén Tǐyùchǎng dōng mén děng nǐmen.

　　　　　　　　　　Wáng Yǒng
　　　　　　　　　　Liùyuè shíyīrì

海平：

　　你好！下星期一是国庆节。这个周末我们可以放三天假。你愿意不愿意到我家来住两天。请你早点儿回信告诉我。

　　　　　　　　小东
　　　　　　　　六月三日

Hǎi Píng:

　　Nǐ hǎo! Xià xīngqīyī shì Guóqìngjié. Zhèi ge zhōumò wǒmen kěyǐ fàng sān tiān jià. Nǐ yuànyi bú yuànyi dào wǒ jiā lái zhù liǎng tiān. Qǐng nǐ zǎo diǎnr huí xìn gàosu wǒ.

　　　　　　　　Xiǎo Dōng
　　　　　　　　Liùyuè sānrì

小东：

　　谢谢你邀请我去你家。可是我不能去，因为我们全家要去郊区度假。非常抱歉。

　　　　　　　　海平
　　　　　　　　六月六日

Xiǎo Dōng:

　　Xièxie nǐ yāoqǐng wǒ qù nǐ jiā. Kěshì wǒ bù néng qù, yīnwei wǒmen quán jiā yào qù jiāoqū dùjià. Fēicháng bàoqiàn.

　　　　　　　　Hǎi Píng
　　　　　　　　Liùyuè liùrì

小明：
　　下星期六（五月八日）爸爸，妈妈要带我去滑雪。他们说我可以请一个朋友和我们一起去。你愿意不愿意去？你可以星期五晚上到我家来，星期六早上我们一起去。我很希望你能和我们一起去。

　　　　　　　　小强
　　　　　　　　一月九日

Xiǎo Míng:

　　Xià xīngqīliù (wǔyuè bārì) bàba, māma yào dài wǒ qù huáxuě. Tāmen shuō wǒ kěyǐ qǐng yí ge péngyou hé wǒmen yìqǐ qù. Nǐ yuànyi bù yuànyi qù? Nǐ kěyǐ xīngqīwǔ wǎnshang dào wǒ jiā lái, xīngqīliù zǎoshang wǒmen yìqǐ qù. Wǒ hěn xīwàng nǐ néng hé wǒmen yìqǐ qù.

　　　　　　　　Xiǎo Qiáng
　　　　　　　　Yīyuè jiǔrì

小强：
　　你好！来信收到了。我很想和你们一起去滑雪，可是很抱歉，星期六我有点儿事，不能去。谢谢你的邀请。

　　　　　　　　小明
　　　　　　　　一月十三日

Xiǎo Qiáng:

　　Nǐ hǎo! Lái xīn shōudào le. Wǒ hěn xiǎng hé nǐmen yìqǐ qù huáxuě, kěshì hěn bàoqiàn, xīngqīliù wǒ yǒu diǎnr shì, bù néng qù. Xièxie nǐde yāoqǐng.

　　　　　　　　Xiǎo Míng
　　　　　　　　Yīyuè shísānrì

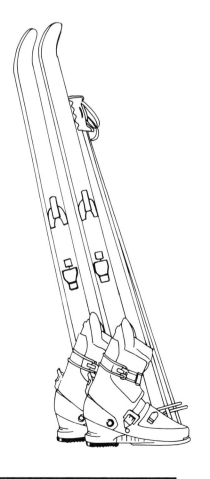

Stage 2　Growing up

Fēn Dàngāo

Match the sentences with the illustrations below. Then, put the jumbled sentences in order to make a story.

1. Gēge bǎ dàngāo fēnchéng liǎng bàn, yí bàn gěi mèimei, yí bàn gěi dìdi.
2. Dìdi shuō bù yíyàng dà, xiànzài mèimei de dàngāo dà, zìjǐ de xiǎo.
3. Zuìhòu dìdi hé mèimei zhǐ chī le yìdiǎnr dàngāo.
4. Yìtiān, māma mǎi le yí ge dàngāo.
5. Gēge náqǐ dìdi de dàngāo yǎo le yì kǒu, shuō: 'Xiànzài yíyàng dà le'.
6. Jiù zhèyàng gēge chī le hěn duō dàngāo.
7. Gēge yòu náqǐ mèimei de dàngāo yǎo le yìkǒu.
8. Mèimei shuō gēge fēn de bù gōngpíng, dìdi de dàngāo dà, zìjǐ de xiǎo.
9. Mèimei shuō hái bù yíyàng dà, xiànzài zìjǐ de dàngāo xiǎo, dìdi de dà.

  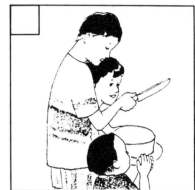

Mángrén Mō Xiàng

Illustrated below is a well-known Chinese folk tale. Read the text following the illustrations. Then complete it by writing in the blanks objects that can be compared to the parts of the elephant's body mentioned.

Cóngqián, yǒu jǐ ge mángrén jīngcháng zuò zài lù biān liáotiān. Yìtiān yǒu rén qiānzhe yì tóu dàxiàng cóng lù biān guò. Tāmen dōu bù zhīdao xiàng shi shénme yàngzi, dōu guòlai mō. Dìyī ge rén mōdào dàxiàng de yá. Tā shuō: 'Wǒ zhīdao le, wǒ zhīdao le, dàxiàng xiàng _____.' Dì'èr ge rén mōdào xiàng de shēnzi. Tā shuō: 'Bú duì, bú duì. Dàxiàng xiàng _____.' Dìsān ge rén mōdào xiàng tuǐ. Tā shuō: 'Dàxiàng xiàng _____.' Dìsì ge rén mōdào xiàng de bízi. Tā shuō: 'Nǐmen dōu cuò le, dàxiàng xiàng _____.' Nǐ shuō tāmen shéi shuō de duì ne?

Stage 2 Amusing tales

Jiè Dōngxi

Read the story below then complete the comic strip of the story by writing dialogue in the speech bubbles.

Yǒu yìtiān, Lǎo Wáng qù tāde línjū Lǎo Zhāng jiā, xiǎng jiè yì běn shū kàn. Lǎo Zhāng shuō Lǎo Wáng kěyǐ kàn nà běn shū, kěshì nà běn shū bù néng líkāi tāde shūfáng. Lǎo Wáng zhǐ néng zài Lǎo Zhāng de shūfáng li kàn. Lǎo Wáng juéde zhèyàng bù fāngbian, suǒyǐ méi yǒu jiè nà běn shū.

Yí ge xīngqī yǐhòu, Lǎo Zhāng lái Lǎo Wáng jiā, xiǎng jiè xīchénqì yòngyiyòng. Lǎo Wáng shuō Lǎo Zhāng kěyǐ yòng tāde xīchénqì, kěshì tāde xīchénqì bù néng líkāi tāde jiā. Lǎo Zhāng zhǐ néng zài Lǎo Wáng de jiā li yòng.

Now retell the story to someone in your class.

Yōumò Gùshi

The sentences in each of the three sets below are in jumbled order. Reorder the sentences in each set so that they make up the story. Choose an ending for each story from the alternatives provided.

1. Xiǎo Míng de shūshu huá de hěn kuài.
   Yǒu yìtiān, shūshu dài Xiǎo Míng qù gōngyuán huá chuán.
   Xiǎo Míng huábúkuài, shūshu hěn shēngqì, ràng Xiǎo Míng zhàn zài àn shang kàn.

Story endings

- Kěshì chuán zhuàng dào shítou shang, fān le. Xiǎo Míng zhàn zài àn shang hāhā dà xiào.

- Kěshì tā méi kànjian qiánmian huá lái de yì tiáo dà chuán, xiǎo chuán zhuàng zài dà chuán shang.

- Xiǎo Míng zhàn zài àn shang dàshēng hǎn: 'Shūshu, bié huá de tài yuǎn.' Shūshu méi tīngjiàn, xiǎo chuán hěn kuài bú jiàn le.

2. Yǒu yìtiān, Xiǎo Mǎ dào shūfáng li ná le sì běn hěn hòu de shū.
   Tāde bàba, māma dōu hěn zháojí.
   Bàba, māma jiàn le hěn gāoxìng.
   Xiǎo Mǎ zuì bù xǐhuan kànshū.

Story endings

- Kěshì guò le yìhuǐr, tāmen kànjiàn Xiǎo Mǎ zhàn zài shū shàngmian zhāi shù shang de píngguǒ.

- Kěshì guò le yìhuǐr, tāmen kànjiàn Xiǎo Mǎ zhèng zài sī shū. Shū pángbiān yǒu hěn duō zhǐ fēijī hé zhǐ qìchē.

- Kěshì Xiǎo Mǎ méi yǒu kànshū, tā zuò zài shū shàngmian kàn diànshì.

3. Yì zhī cāngying luò zài chuāngtái shang.
   Xiǎo Wáng ná qǐ zhuō shang de tāngsháo dǎ cāngying.
   Xiǎo Wáng zhèng zài shítáng chīfàn.

Story endings

- Tā tīngjian yǒu rén 'aiya' jiào le yì shēng, yuánlái tā dǎ zài chuāngzi wàimian Lǐ Shīfu de tóu shang le.

- Bǎ Lǐ Shīfu de tāng wǎn dǎ fān le.

- Fúwùyuán kànjian le, shuō tā yòng shítáng de tāngsháo dǎ cāngying bú wèishēng, fá tā wǔ kuài qián.

Chǎo Fàn

Read the instructions below for making fried rice, then match them with the corresponding illustrations.

1. Zhǔnbèi hǎo shú mǐfàn, huǒtuǐ, cōngtóudīng, qīngdòu, chǎo jīdàn hé yán.

2. Chǎoguō shāo rè hòu, fàngrù càiyóu, ránhòu fàngrù cōngtóudīng.

3. Fàngrù huǒtuǐ, qīngdòu hé jīdàn.

4. Fàngrù yán, chǎo yíxià.

5. Fàngrù mǐfàn, chǎo yíxià.

Zěnme zuò?

The instructions in each set below are in jumbled order. Rearrange the steps so that they are in the right order.

Shuǐguǒ Shālā

Fàngrù bōli róngqì li.

Zhǔnbèihǎo píngguǒ, júzi, xiāngjiāo, hé yí ge bōli róngqì.

Bǎ shuǐguǒ qiēchéng xiǎo kuàir.

Bǎ píngguǒ, júzi hé xiāngjiāo qù pí.

Niúnǎi Qiǎokèlì Yǐnliào

Bǎ niúnǎi dàorù bēi li.

Bǎ niúnǎi zhǔkāi.

Zài bēi zhōng fàngrù yì chásháo qiǎokèlìfěn.

Stage 2　Be creative in Chinese

Zhōngguó Chá

Number the steps for making Chinese tea so that they match the order of the illustrations.

☐ Dàorù kāishuǐ.

☐ Wǔ fēnzhōng yǐhòu, dàorù chábēi zhōng.

☐ Zhǔnbèihǎo cháhú.

☐ Gài shang cháhúgàir.

☐ Fàngrù liǎng chásháo cháyè.

Chuānghuā

Read the instructions below for making paper cuts. Then number them in order to match the illustrated steps.

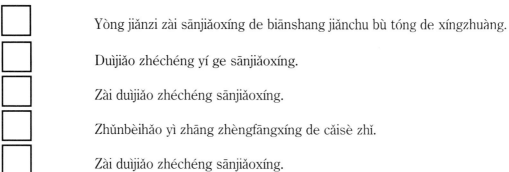

Yòng jiǎnzi zài sānjiǎoxíng de biānshang jiǎnchu bù tóng de xíngzhuàng.

Duìjiǎo zhéchéng yí ge sānjiǎoxíng.

Zài duìjiǎo zhéchéng sānjiǎoxíng.

Zhǔnbèihǎo yì zhāng zhèngfāngxíng de cǎisè zhǐ.

Zài duìjiǎo zhéchéng sānjiǎoxíng.

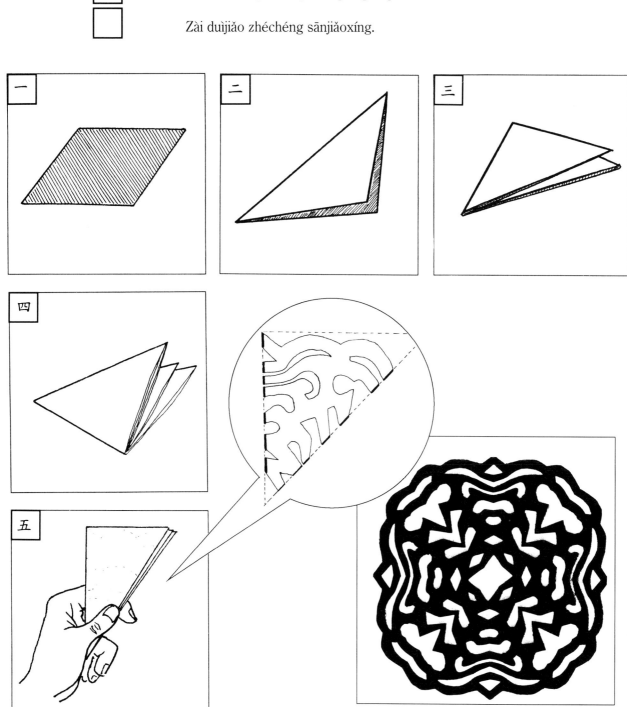

Zuò Dēnglong

强 盗（一）
Qiángdào (1)

The sentences below describe the events in a bank robbery. They are in jumbled order, except for the first and last sentences. Number the sentences in order so that they make a complete story.

1.	Yìtiān xiàwǔ liǎng ge rén tūrán chuǎngjìn le yínháng.
☐	Ǎi gèzi de rén ràng yínháng zhíyuán bǎ qián fàng zài guìtái shang.
☐	Jiēzhe, lìngwài yí ge rén yě pǎo le chūqù.
☐	Tāmen shǒu li dōu názhe qiāng, zuǐ li dà hǎn: 'Bù xǔ dòng!'
☐	Zhuāngwán yǐhòu, tā názhe kǒudài xiān pǎochū yínháng.
☐	Tāmen tiàoshang qìchē kāizǒu le.
☐	Yí ge rén yòu gāo yòu shòu, yí ge rén hěn ǎi.
☐	Ránhòu tā mǎshàng bǎ qián zhuāngjìn yí ge kǒudài li.
☐	Yǒude gùkè dà shēng jiàoqǐlai.
10.	Guò le yìhuǐr jǐngchá lái le.

强 盗（二）
Qiángdào (2)

The story below is similar to the story about a bank robbery on p. 121.
Put the sentences below in order so that they make a story. Complete the
blanks with suitable words or phrases to show how events are connected.
Use the story on p. 121 as a guide.

☐ Tāmen yìqǐ pǎojìn diàntī.

☐ Nèi ge nǚrén mǎshang bǎ guìtái li de shǒushì zhuāngjìn yí ge kǒudài li.

☐ Liǎng ge nánrén, yí ge nǚrén _____ guìtái.

☐ _____ jǐngchá lái le.

☐ Yìtiān, Xiǎo Lán hé māma qù bǎihuò dàlóu mǎi dōngxi.

☐ _____ tā xiān pǎo le chūqù.

☐ Tāmen zhèng zài shǒushì guìtái qián kán shǒushì.

☐ Liǎng ge nánrén shǒu li dōu názhe dāozi, zuǐ li dà hǎn: 'Bù xǔ dòng!'

☐ _____ lìngwài liǎng ge nánrén yě pǎo le chūqù.

The Chinese writing system (1)

Match each of the simplified characters in Column A with its complex form in Column B. What are the similarities and differences between the two forms?

A				B			
1.	钟	12.	热	a.	書	l.	時
2.	点	13.	么	b.	兩	m.	馬
3.	国	14.	见	c.	見	n.	車
4.	书	15.	从	d.	飛	o.	們
5.	马	16.	东	e.	從	p.	難
6.	们	17.	时	f.	國	q.	飯
7.	饭	18.	样	g.	麼	r.	風
8.	车	19.	学	h.	學	s.	買
9.	买	20.	风	i.	樣	t.	熱
10.	来	21.	飞	j.	鍾	u.	東
11.	两	22.	难	k.	點	v.	來

Stage 2 Language and cultural awareness

The Chinese writing system (2)

Below are some examples of written text that you might come across in China. These include baggage labels, invitations, letters, transport tickets, and so on. Find out what each of them is, on the basis of the characters familiar to you, the formats used, and other clues.

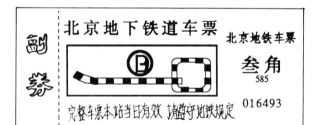

美玲小姐

自上次分别已有数日，妳的身体学习都还好吗，我元旦休息两天，本来计划去妳处探望，可又怕妳不在家有事要办理，所以没去，请原谅吧！我们工厂目前工作挺忙，过些日子我一定去看望妳。莹处我已去过了，妳有什么事情，请打电话给我吧！

随仪寄给妳两张画片，祝妳
身体 学习好

冰 29.元.上

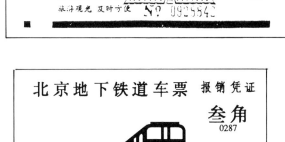

为欢度一九七九年元旦，定于一九七八年十二月二十八日晚七时在政协礼堂举行中、外师生新年联欢晚会，敬请光临。

中华人民共和国教育部
北京市革命委员会

Spoken Chinese

Below are sets of characters that have the same pronunciation. The characters within each set may have different tones. As you listen to each set, write down the pinyin pronunciation for each set, then write down the tone of each character within a set. Find within each set any similarities in structure between the characters, and circle them.

(a) 十 是 师 湿 视 时	
(b) 油 有 右 游 又 邮	
(c) 衣 一 椅 医 意 已	
(d) 作 左 坐 做 座 昨	
(e) 阳 洋 杨 样 羊 养	
(f) 七 期 气 汽 起 骑	
(g) 先 线 现 鲜 咸 险	

Do you know other characters that have the same pronunciation as the characters in these sets? Write them in the spaces provided.

Concepts in Chinese

This is a page from the address book of Yáng Qún, a school teacher in Běijīng.

通 讯 录

姓　名	工作单位	单位电话	住　址
刘国华	花园村中学	81.5407	西城区 西四北大街16号
王红新	北京友谊商店	25.6676	崇文区 体育馆路108号
周　平	人民大学外语系	36.3032	海淀区 海淀路98号
张淑勤	甘家口小学	34.0249	西城区 报子胡同8号
刘　红	北京工业学院	38.1081	海淀区 白石桥路31号
林建军	花园村中学	81.5407	西城区 百万庄大街200号
李　玲	新街口新华书店	34.7530	西城区 新街口大街125号
张建华	中关村中学	38.4050	海淀区 海淀路3号
李小明	北京101中学	56.9807	西城区 平安里57号
王　丽	北京大学	70.4567	东城区 府右街84号
王志强	人民大学外语系	36.3032	西城区 西四北大街14号
刘小梅	北京市教育局	34.5407	西城区 三里河416号

Look carefully through the names and addresses. Then find:

- the number of people who work at a primary school, a middle school and a university
- the number of people who work in the same place
- the number of different suburbs
- the number of people who live in the same suburb.

Stage 2 Word List

A change of routine

Běijīng Dìyī Rénmín Yīyuàn	北京第一人民医院	Beijing No. 1 People's Hospital	82
dàikè jiàoshī	代课教师	replacement teacher	79
ěrduo	耳朵	ear	83
Fùhuó Jié	复活节	Easter	83
huānyíng	欢迎	welcome	77
kū	哭	to cry	84
lí	离	from	77
lǚyóu	旅游	to travel	77
pífū	皮肤	skin	83
ràng	让	to ask, tell, make (someone do something)	79
ròupiànr chǎo qīngjiāo	肉片儿炒青椒	dish with fried pork and capsicums	79
shài tàiyang	晒太阳	sunbathe	83
shēng bìng	生病	to become ill	79
shítáng	食堂	canteen	79
shūfu	舒服	comfortable, well	78
shuìbuzháo jiào	睡不着觉	unable to get to sleep	84
sī	撕	to tear	84
tǎng	躺	to lie down	83
wánjù	玩具	toy	84
xián	咸	salty	79
xiǎorénshū	小人书	picture-story book	83
xǔduō	许多	a lot of	83
yǎng	痒	to itch	83
yàodài	药袋	medicine envelope	82
yīshēng	医生	doctor	83
yìtiān	一天	the whole day	83
yìng	硬	hard	79
yīnggāi	应该	should, must	81
zhěngqí	整齐	tidy	84
zhǐhǎo	只好	had to, the only thing to do	83
zǒngshì	总是	always	84

Keeping in touch

ānpái	安排	to arrange	91
bàngōngshì	办公室	staffroom	96
bānjī	班机	flight (number)	91
bié	别	do not	88
cānguān	参观	to visit, sightsee	91
chènshān	衬衫	shirt	89
chù	处	place	87
chūfā	出发	to set out	91
chéngyùnníng	乘晕宁	medicine for car sickness	89
chuīfēngjī	吹风机	hair dryer	89
cún	存	to leave	87
dào	道	road, path	87
dàodá	到达	to arrive	91
děng	等	to wait	88
dìdiǎn	地点	place, location	91
dìlǐ	地理	geography	94
érzi	儿子	son	88
fàngxīn	放心	stop worrying, relax	92
fēijī piào	飞机票	air tickets	89
gǎnmào piàn	感冒片	medicine for flu	89
guāfēng	刮风	to be windy	94
huā	花	to spend	92
hòu	候	to wait	87
jiāojuǎn	胶卷	film (for camera)	89
jiē	接	to meet	88
jiè (zǒu)	借（走）	to borrow	96
jìnbù	进步	progress	94
jìnzhǐ	禁止	to prohibit	87
jǐngchá	警察	police, policeman	92
kùzi	裤子	slacks, trousers	89
liángxié	凉鞋	sandals	89
lǚguǎn	旅馆	hotel	91
lǚxíng bāo	旅行包	travelling bag	89
lǚxíng zhīpiào	旅行支票	traveller's cheques	89
lùyīndài	录音带	audio cassettes	89
lùyīnjī	录音机	cassette recorder	89
nàixīn	耐心	patient	96
nèiyī	内衣	underwear	89
páizi	牌子	sign	87
qǐfēi	起飞	to depart, take off	91
qiánbāo	钱包	purse	89
qúnzi	裙子	skirt	89
rù nèi	入内	to enter	87
shǒutíbāo	手提包	hand bag	89
shǒudū	首都	capital city (of a country)	94
shǒujuàn	手绢	handkerchief	89
shùmù	树木	trees	94
shūzi	梳子	comb	89
shuìyī	睡衣	pyjamas	89
tíng	停	to stop, park	87
túshūguǎn	图书馆	library	96
wàzi	袜子	socks	89
wàiyī	外衣	clothes	89
wàng	忘	to forget	88

wù	勿	not	87
wùlǐ	物理	physics	94
xiǎotōu	小偷	pickpocket	92
xiéxíng értóng	偕行儿童	accompanying children	93
xíng	行	to walk	87
xínglixiāng	行李箱	suitcase	89
xǐshùbāo	洗漱包	toilet bag	89
xīyān	吸烟	to smoke	87
yágāo	牙膏	toothpaste	89
yào	要	need to	92
yáshuā	牙刷	toothbrush	89
yèzi	叶子	leaves	94
yǒude	有的	some	96
yùndòng xié	运动鞋	runners, sports shoes	89
yǔsǎn	雨伞	umbrella	92
zhǎo	找	to look for, find	92
zháojí	着急	anxious, to worry	92
zhàoxiàng	照像	to take photographs	87
zhèngzhì	政治	politics	94
zhùyì	注意	to pay attention	92
zuò	座	measure word	94

Around town

diànqì	电器	electrical appliances	98
gōngyì cípán	工艺瓷盘	painted enamel plate	100
guàtǎn	挂毯	tapestry	100
jiājù	家俱	furniture	98
jǐngtàilán huāpíng	景泰兰花瓶	cloisonné enamel vase	100
ruǎnmù diāo	软木雕	cork carving	100
táibù	台布	tablecloth	100
Táng sāncǎi	唐三彩	tri-coloured glazed pottery of the Tang Dynasty	100
tǔchǎn zápǐn	土产杂品	local products	98
wénfáng sìbǎo	文房四宝	four treasures of the study (writing brush, ink stick, ink slab, and paper)	100
xiémào	鞋帽	footwear and hats	98
gāodiǎn	糕点	cakes and pastries	98

Growing up

bàoqiàn	抱歉	to be sorry	110
bǐsài	比赛	contest, competition	109
chōuyān	抽烟	to smoke	103
cúnkuǎn	存款	savings account	104
dǎzìjī	打字机	typewriter	104
diànnǎo	电脑	computer	104
diànzǐ yóuxì	电子游戏	video games	103
Guójiāduì	逛商店	National team	109
hējiǔ	喝酒	to drink	103
huáxuě	滑雪	to ski	111
huàzhuāngpǐn	化装品	make-up	103
jiāo péngyou	交朋友	to make friends	103
jiāoqū	郊区	outskirts (of a city)	110
jìsuànqì	计算器	calculator	104
línghuó	零活	casual job	103
lùxiàngdài	录像带	video cassette	106
niúzǎikù	牛仔裤	jeans	104
qítā	其他	other	106
quán	全	whole, completely	109
rènzhēn	认真	serious, conscientious	110
shímáo	时髦	fashionable	103
shíyīng	石英	digital	104
shōudào	收到	to receive	109
shōuyīnjī	收音机	radio	104
tèdiǎn	特点	qualities, characteristics	110
tūrán	突然	suddenly	109
(xī) wàng	希(望)	to hope	111
wǔtīng	舞厅	dance hall	106
xìnyòngkǎ	信用卡	credit card	104
yāoqǐng	邀请	to invite, invitation	110
yǐnèi	以内	in, within	106
yòngpǐn	用品	articles for use	106
yuànyì	愿意	to want to	109

Amusing tales

àn	岸	(river) bank	115
cāngying	苍蝇	fly	115
cóngqián	从前	in the past, formerly	113
chuāngtái	窗台	windowsill	115
cuò	错	to be wrong, make a mistake	113
dà shēng	大声	loudly	115
fá	罚	to fine	115
fān	翻	to turn over	115
fāngbian	方便	convenient	114
fēn	分	to share	112
fúwùyuán	服务员	waiter, waitress	115
gōngpíng	公平	fair	112
hǎn	喊	to shout	115
hòu	厚	thick	115
huáchuán	划船	to row a boat	115
juéde	觉得	to feel, think	114
líkāi	离开	to leave	114
liáotiān	聊天	to chat	113
luò	漏	to fall, drop	115
mángrén	盲人	blind person	113
mō	摸	to feel	113
qiān	牵	to pull, lead	113
shēngqì	生气	angry, to get angry	115
shítou	石头	rock	115
tāngsháo	汤勺	soup spoon	115
wǎn	碗	bowl	115
wèishēng	卫生	hygienic	115

Pinyin	Chinese	English	Page
xīchénqì	洗尘器	vacuum cleaner	114
yǎo	咬	to bite	112
yuánlái	原来	it turned out	115
zhāi	摘	to pick	115
zhàn	站	to stand	115
zhǐ	纸	paper	115
zhuàng	撞	to crash	115
zìjǐ	自己	self	112
zuìhòu	最后	finally	112

Be creative in Chinese

Pinyin	Chinese	English	Page
cǎisè	彩色	coloured	119
cháhúgàir	茶壶盖儿	teapot lid	118
chǎo	炒	to fry, fried	116
chǎoguō	炒锅	frying pan	116
chásháo	茶勺	teaspoon	117
cháyè	茶叶	tea leaves	118
cōngtóu dīng	葱头丁	chopped onion	116
dào rù	到入	to pour into	117
duìjiǎo	对角	corner to corner	119
fàng rù	放入	to put into	116
gàishang	盖上	to cover	118
huǒtuǐ	火腿	ham	116
jiǎnzi	剪子	scissors	119
kāishuǐ	开水	boiling water	118
qiǎokèlì fěn	巧克力粉	cocoa powder	117
qiē	切	to cut	117
qīngdòu	青豆	peas	116
róngqì	容器	container	117
sānjiǎoxíng	三角形	triangle, triangular	119
shāo	烧	cook, heat	116
shú	熟	cooked	116
xiāo pí	削皮	to peel	116
xíngzhuàng	形状	shape	119
zhé chéng	折成	to fold up into	119
zhèngfāngxíng	正方形	square	119
zhǔkāi	煮开	to boil	117
zhǔnbèi	准备	to prepare	116

Studying Chinese

Pinyin	Chinese	English	Page
bùxǔ	不许	not allowed	121
chuǎngjìn	闯进	rush in, break in	121
dāozi	刀子	knife	122
diàntī	电梯	lift	121
dòng	东	to move	121
guìtái	柜台	counter	121
gùkè	顾客	customer	121
jiēzhe	接着	following that	121
kǒudài	口袋	pocket	121
lìngwài	另外	other, another	121
qiāng	枪	gun	121
tiào	跳	to jump	121
zhíyuán	职员	office worker, clerk	121
zhuāngjìn	装进	pack into	121